CONGRÈS

DES

ŒUVRES PAROISSIALES

DE L'ÉGLISE

NOTRE-DAME LA DALBADE

TOULOUSE, 6, 7, 8 MARS 1908

TOULOUSE

ÉDOUARD PRIVAT, LIBRAIRE-ÉDITEUR

14, RUE DES ARTS (SQUARE DU MUSÉE)

1908

CONGRÈS

DES

ŒUVRES PAROISSIALES

DE L'ÉGLISE

NOTRE-DAME LA DALBADE

TOULOUSE

CONGRÈS

DES

ŒUVRES PAROISSIALES

DE L'ÉGLISE

NOTRE-DAME LA DALBADE

TOULOUSE, 6, 7, 8 MARS 1908

TOULOUSE

ÉDOUARD PRIVAT, LIBRAIRE-ÉDITEUR

14, RUE DES ARTS (SQUARE DU MUSÉE)

—

1908

C'est le vœu ardent des paroissiens de Notre-Dame la Dalbade de recueillir et conserver, en perpétuelle mémoire, les allocutions et discours qui ont été prononcés et les rapports qui ont été lus durant le congrès de leurs œuvres. Ils veulent que ce congrès soit une date dans leur histoire paroissiale et comme un point de repère pour leurs œuvres. Grâce à lui, ils savent ce que leurs œuvres sont aujourd'hui ; il leur sera aisé, plus tard, de constater le degré de progrès ou de décadence auquel elles atteindront.

Cet ouvrage n'est qu'un recueil de documents. Il a semblé bon d'insérer, en tête des actes du congrès, les documents relatifs à la séance de clôture. Ils seront précédés d'un article paru dans la *Semaine catho-lique* du 15 mars 1908 et de l'horaire des travaux. Les rapports particuliers viendront les derniers en manière de pièces justificatives. Ils ont été la partie essentielle et la plus intéressante du congrès. Il sera aussi agréable qu'utile de les étudier avec soin.

CONGRÈS PAROISSIAL DE LA DALBADE

6, 7, 8 MARS 1908

I

Article paru dans la *Semaine catholique* de Toulouse du 15 mars 1908 et rédigé par M. l'abbé Renaudin, vicaire de la paroisse.

L'idée féconde des congrès des œuvres paroissiales fait à Toulouse du chemin. L'église métropolitaine la réalisa la première avec éclat à la fin de 1907. Ce bon exemple devait être imité; il vient de l'être.

Vendredi, samedi et dimanche derniers se tenait le congrès des œuvres de Notre-Dame la Dalbade. On allait travailler pour Dieu, il fallait d'abord lui demander sa grâce. Chaque matin, avant leurs séances de travail, les congressistes se réunissaient à l'église pour implorer les lumières de l'Esprit-Saint, entendre la messe, communier, réconfortés encore par les allocutions vibrantes de M. le curé et de M. l'abbé Janot, tandis que, là-haut, « la Vierge Blanche » les encourageait de son sourire maternel.

En quatre réunions laborieuses, présidées par M. le chanoine Duffaut, MM. les Conseillers de paroisse et M. le vicaire général Assieu, un paroissien, quarante-deux rapports ont été lus et étudiés. Œuvres de piété, œuvres d'enseignement et post-scolaires, œuvres charitables et sociales, furent passées en revue détaillée.

Ce « panorama paroissial », dimanche soir, après que M. le curé eut présenté son « village » à Monseigneur l'Archevêque, M. Manenc, premier vicaire, le repeignit en trois tableaux d'ensemble : près du tabernacle, autour du clocher, dans le « village », des Couteliers à Saint-Michel, de Tounis aux Carmes. Confréries, tiers-ordre, ligues de communion, de prière, de propagande ; écoles, orphelinat, catéchismes, maîtrise, patronages, cercle, salon de lecture ; conférences de Saint-Vincent-de-Paul, maison sociale du peuple, sociétés de la Providence, de secours mutuels, de prêt gratuit, d'assistance aux pauvres, aux vieillards, etc., etc., tout défila dans ce rapport général, remarquable d'exactitude et de finesse littéraire, très précis dans ses conclusions pratiques, et qui fut souvent applaudi.

Puis, Me de Laportalière, ancien bâtonnier du barreau toulousain et conseiller de paroisse, dans un discours aux pensées profondes et justes, au verbe mâle et captivant, montra ce que deviendrait « la France laïcisée », si elle ne retournait pas bien vite à la religion. Il engagea ses auditeurs à rester groupés par la discipline autour des chefs, évêque et curé, et à obéir à leur direction toujours sûre.

Depuis le beau congrès de Saint-Etienne, notre vénéré Archevêque avait pour les congrès — il nous l'a dit — comme un goût de « revenez-y ». C'est donc avec empressement qu'il est venu donner aux paroissiens de la Dalbade une preuve de son affection paternelle en présidant la séance de clôture dans la salle du Jardin-Royal. Sa Grandeur a remercié et félicité très délicatement M. le curé, qui a été l'âme du congrès, M. le rapporteur général, MM. les rapporteurs particuliers qui ont tous accepté de grand cœur et supérieurement accompli leur besogne parfois pénible. Elle se réjouit de compter dans son diocèse des catholiques tels que M. de Laportalière, et rappelle l'inoubliable figure de son parent, le saint curé qui couronna « le clocher rose ».

Enfin, Monseigneur donne un conseil, celui de l'union, de l'union étroite des œuvres chrétiennes. « Plus de barques à un seul rameur », exposées à s'échouer dans des baies sauvages. Sur le grand vaisseau de l'Eglise, toujours aux ordres de son vigilant pilote, travaillons, chacun à notre place, pour arriver au salut éternel, sans doute, mais aussi pour aider à refaire ici-bas une société d'un seul cœur et d'une seule âme.

Puisse la bénédiction épiscopale faire fructifier les promesses de ce congrès! Que la Dalbade se maintienne ce qu'à tous les âges elle fut : un foyer de vie chrétienne, un centre d'activité sociale, où s'unissent l'ardeur du zèle et l'esprit de famille!

HORAIRE DU CONGRÈS

Le congrès des œuvres paroissiales de la Dalbade s'est ouvert vendredi 6 mars, à 7 h. 1/2, par une messe de communion, avec exposition du Saint-Sacrement, allocution par M. le curé, chants et bénédiction ; — à 9 h. 1/2, séance de travail, présidée par M. le curé : lecture et discussion des premiers rapports ; — à 2 h. 1/2, séance de travail, présidée par M. Marchal, conseiller de paroisse ; lecture et discussion des rapports suivants ; — à 5 heures, salut.

Les rapports ont été divisés en trois séries selon la nature des œuvres :

I. *Œuvres ayant plus particulièrement un caractère religieux ;*

II. *Œuvres d'enseignement et post-scolaires ;*

III. *Œuvres charitables et sociales.*

Les séances de travail ont eu lieu à l'Institut catholique, rue de la Fonderie, 31, salle Cardinal-Desprez. L'entrée de ces séances était libre.

Samedi, 7 mars, à 7 h. 1/2, messe de communion, avec exposition du Saint-Sacrement, allocution par M. l'abbé Janot, chants et bénédiction; — à 9 h. 1/2, séance de travail, présidée par M. le vicaire général Assieu, lecture et discussion des rapports suivants.

Dimanche 8 mars, à 8 heures, messe de communion, avec exposition du Saint-Sacrement, allocution par M. l'abbé Janot, chants et bénédiction; — à 10 heures, séance de travail, présidée par M. le baron de Felzins, conseiller de paroisse, lecture et discussion des derniers rapports; — à 3 heures, petites vêpres, salut solennel; — à 5 heures, séance de clôture dans la salle du Jardin-Royal, sous la présidence de S. G. Monseigneur l'Archevêque :

I. Présentation du Congrès à S. G. Monseigneur l'Archevêque par M. le curé;

II. Rapport général sur les travaux du congrès par M. l'abbé Manenc, vicaire;

III. Discours par Mᵉ de Laportalière, conseiller de paroisse, ancien bâtonnier du barreau de Toulouse.

IV. Allocution par S. G. Monseigneur l'Archevêque.

SÉANCE DE CLÔTURE

Dans la Salle du Jardin-Royal

SOUS LA PRÉSIDENCE DE

S. G. MONSEIGNEUR JEAN-AUGUSTIN GERMAIN

ARCHEVÊQUE DE TOULOUSE.

III

ALLOCUTION

De M. le Chanoine DUFFAUT

CURÉ DE NOTRE-DAME LA DALBADE.

MONSEIGNEUR,
MESDAMES,
MESSIEURS,

Dans un journal aujourd'hui disparu, un éminent paroissien de la Dalbade, qui lui-même n'est
plus, qui fut avocat, professeur de droit à l'Institut catholique, mainteneur des Jeux Floraux, et
journaliste à ses heures, le cher et regretté de
Peyralade, pour dire son nom, écrivit un jour que
la paroisse de la Dalbade était un « village ».

Un autre dalbadien, homme d'esprit lui aussi,
— la Dalbade a beaucoup d'hommes d'esprit, —
qui fut recteur de l'Institut catholique, Duilhé de
Saint-Projet, chargé de recevoir, peu après, de
Peyralade à l'Académie des Jeux Floraux, l'accueil-

lit, dès le début du discours d'usage, par ces mots : « Monsieur, nous sommes tous deux du même village. »

Voilà un mot qui est resté et contre lequel je proteste, à moins qu'on ne l'entende en ce sens que la paroisse de la Dalbade, placée au centre d'une ville importante[1], joint aux agréments d'une ville tout ce qu'un village possède de familial et d'aimable. Qu'on me permette aussi d'ajouter que la Dalbade est une cité policée et heureuse qui n'a rien des bruits et des agitations d'une ville moderne[2], mais qui, par contre, a reçu des ancêtres, avec de profonds sentiments religieux, le goût délicat et le culte du vrai, du beau et du bien !

— Messieurs, merci ; vos approbations m'encouragent : j'oserai tout dire. D'ailleurs, un curé doit toujours prêcher pour sa paroisse.

Donc, à la Dalbade, tout est familial et bon, comme au village. Là, tous les habitants, grands

---

1. La paroisse de la Dalbade est bâtie sur la rive droite de la Garonne ; elle s'étend de la place du Pont-Neuf au palais de justice, qui fut autrefois le Château Narbonnais, résidence des comtes de Toulouse, et devint ensuite le siège du parlement de Toulouse. Elle se compose d'une rue principale accompagnée de trois rues minuscules sur chacun de ses côtés ; elle compte environ 5.000 âmes.

2. On n'y rencontre ni tramway électrique, ni omnibus, ni kiosque à journaux, ni café, ni restaurant digne de ce nom ; à peine y trouve-t-on deux ou trois buvettes aux extrémités.

et petits, se connaissent et s'estiment; là, dans une rue toujours paisible et hospitalière, on s'aborde, on stationne, on cause. Mais on s'aborde, on stationne et on cause surtout le dimanche, au sortir des messes de dix heures et de onze heures. A ce moment, des groupes se composent, les hommes d'un côté, les dames d'un autre, les jeunes filles ensemble. Ces groupes avancent lentement, s'arrêtent, reprennent leur marche, et ne s'effritent que peu à peu et longtemps après s'être formés. On s'y entretient souvent du prône qu'on vient d'entendre : pour un vrai dalbadien, aucun grand sermon d'aucun grand orateur ne vaut le prône de onze heures.

Dans cette bonne cité, qui a des racines dans le Moyen-âge, les jeunes filles ont reçu, du droit coutumier, une charte de franchises et de libertés qu'elles ne laisseront pas prescrire : notamment elles ont le privilège de sortir seules pour se visiter, et surtout pour se rendre à l'église. En cela, rien d'étonnant : elles sont gardées par les yeux de tous; tous les connaissent et les entourent d'honneur.

Comme au village, à la Dalbade on aime jalousement son clocher et son église. Son clocher est à la fois le plus puissant par sa masse, le plus gracieux par ses lignes et le plus haut de la région. Par sa flèche, œuvre du vaillant et généreux curé

Laportalière, dont le nom est toujours bien porté dans la paroisse, ce clocher a, en maçonnerie, 16 mètres de plus que le plus élevé de la ville.

Son église n'est ni trop grande, ni trop petite. Elle est souvent pleine et contient beaucoup de monde. Elle est fraîche en été et chaude en hiver : un calorifère la réchauffe quand c'est utile. Elle est à une seule nef. Où que l'on soit, on voit tout et l'on entend tout. Que n'a-t-on pas dit de la splendeur de ses fêtes? Que ne dit-on pas dans un village d'une église dont on est fier? Je ne rapporterai pas la parole assez récente d'une dame qui avait autrefois fréquenté la cour impériale, et qui, dans cette église, un soir de grande fête, se croyait encore à Versailles, dans la chapelle du château, au temps de la cour! Je ne rapporterai pas davantage le mot d'un vicaire qui avait beaucoup voyagé, beaucoup vu et qui n'avait pas oublié la Dalbade! Je me contenterai, en paraphrasant le mot du vicaire, de dire que, vraiment, en un grand jour de fête, dans le silence et le recueillement profond des fidèles, au milieu des chants toujours distingués et parfois grandioses, en présence des splendeurs de l'autel, tout étincelant de lumière et d'or, mystérieusement voilé par un léger nuage d'encens sous un fond d'azur, on jouit dans cette église comme d'une vision et d'un écho lointain des fêtes du paradis; les réalités éternelles y semblent à beaucoup si proches et si sensibles, qu'on aime son église un peu comme on aime Dieu et le ciel !

Pour mémoire, — et pour n'être pas long, — j'ajouterai à peine que, dans cette cité, les plaisirs de l'esprit sont vivement recherchés. Là, l'Institut catholique donne des conférences qui sont un régal intellectuel, auquel toute la ville est conviée et se rend. Là, on trouve, en nombre, les hommes lettrés, les maîtres en l'art de la parole, les professeurs du haut enseignement, les mainteneurs du Gai Savoir, les membres de nos académies. Là, parmi les grands et les petits, des femmes vraiment chrétiennes et vraiment françaises.

Voilà en raccourci, Monseigneur, la paroisse dont j'ai à présenter le congrès en deux mots.

Nos œuvres sont nombreuses, il est vrai, mais petites et modestes. Elles ne peuvent pas et ne veulent pas entrer en comparaison avec celles d'aucune autre paroisse ni plus grande, ni moins grande. Ces œuvres, Monseigneur, seront rapidement exposées dans le rapport général qui va être lu. Elles sont toutes fondées ou dirigées par le clergé paroissial, ou tout au moins elles ont leur siège ou une section importante dans la paroisse. Durant les séances de travail du congrès, elles ont été passées en revue dans le but de les animer d'une vie nouvelle, afin que, par elles, la paroisse se maintienne dans son bon renom et que son clergé, plus puissamment aidé, soit mieux à même de conquérir à Notre-Seigneur les âmes qui ne lui appartiennent pas.

Monseigneur, votre paroisse de la Dalbade témoigne sa plus profonde reconnaissance à Votre Grandeur, qui a daigné accepter la présidence de cette séance de clôture de son congrès. C'était, du reste, juste à toute sorte de titres : particulièrement, c'est à Votre Grandeur que le diocèse doit l'initiative des congrès destinés à faire tant de bien. Ils ne seront pas la moindre des gloires de votre épiscopat. Les évêques ont fait la France; ils en ont fait une société éminemment chevaleresque et glorieuse. Ils l'ont faite comme les abeilles leur ruche; c'est une parole historique. La France des évêques a été défaite par l'athéisme contemporain. Dans les conditions nouvelles imposées par la loi de séparation, d'où, à la longue et malgré tout, la liberté de l'Église sortira, les évêques referont la France, et ils la referont par les congrès, et par la paroisse qui est le terrain neutre, le lieu propice, la cellule, l'alvéole sociale par excellence. Là, sous la direction supérieure des évêques, et avec leur bénédiction, tous les cœurs magnanimes, tous les esprits sages, toutes les âmes baptisées, s'uniront pour travailler de concert au relèvement de la société et au triomphe de l'Église et de la France chrétienne !

IV

RAPPORT GÉNÉRAL

SUR LE

CONGRÈS DES ŒUVRES DE LA DALBADE

Monseigneur,

Mesdames,

Messieurs,

Quelqu'un a dit : « Si jamais j'avais quelque pauvre cure de bonnes gens à desservir, je ne les rendrais pas riches, mais je partagerais leur pauvreté. Quand ils verraient que je ne suis en rien mieux qu'eux, ils apprendraient à se contenter de leur sort. »

Pardonnez-moi de citer d'abord ces paroles d'un vicaire; je me hâte de dire qu'il s'agit du Vicaire savoyard, lequel n'exista que dans le cerveau du sophiste J.-J. Rousseau. Que son rêve de bonté paresseuse ne soit pas le nôtre, ce congrès paroissial le prouve, qui va devenir, nous l'espérons, le point de départ de notre progrès religieux. Et que notre désir de progrès soit conforme au désir de l'Église, Monseigneur, votre présence nous en assure. Hier, Votre Grandeur présidait la solennité du plus sublime docteur de la science parfaite, « la science qui se tourne toujours à aimer ». Votre bonté vous conduit au milieu de nous, ce soir. Ce congrès achèvera la fête d'hier, puisque toutes nos œuvres paroissiales sont des œuvres d'amour...

Enfin, si la voix du peuple chrétien est la voix même de Dieu, évidente nous apparaît l'opportunité de ce congrès, depuis que nous avons constaté le bon vouloir des rapporteurs, l'intérêt de tous les rapports et l'animation des séances de travail présidées par nos conseillers de paroisse et par M. le vicaire général Assieu, qui nous apporta, avec une mâle exhortation, la bénédiction paternelle de Monseigneur. Puisque nous travaillions pour Dieu, c'est à lui qu'il fallait demander la force suffisante et les méthodes meilleures. Vendredi, samedi et ce matin encore, les congressistes se réunissaient dans notre église pour implorer les lumières de l'Esprit-Saint, entendre la messe et communier, réconfortés par les conseils de M. le curé et les allocutions vibrantes de M. l'abbé Janot, tandis que là-haut, dans l'azur pailleté d'astres d'or, la Vierge blanche de la Dalbade épandait sur nous son sourire maternel.

Après ces trois jours de prière, d'étude, de résolutions, je n'ai pas à vous convaincre d'idées qui sont déjà les vôtres, mais seulement à les préciser. Une thèse serait plus éloquente ; je vous apporte, parce que plus instructif, un tableau.

Pour bien comprendre la paroisse, ayez cette idée très simple que la paroisse est une famille. De cette famille, la maison est l'église, et le chef, Jésus-Christ ; ses membres : le curé, arbitre de la vie paroissiale ; puis, participant à cette vie, les fidèles. Enfin, pour transmettre aux fidèles cette vie, les organismes appropriés qui sont les œuvres : œuvres de piété, œuvres d'enseignement, œuvres sociales.

Ce panorama paroissial, nous le parcourrons en trois étapes : autour du tabernacle, autour de l'église, dans la paroisse.

I.

Aux heures de bataille, les troupes se rassemblent sur le point le plus menacé. Au seizième siècle, le protestantisme blasphémait l'Eucharistie. Il fallait au Très Saint-Sacrement des adorateurs plus nombreux et des adorations plus ardentes. En 1616, se constituait à la Dalbade la garde d'honneur du tabernacle. Pendant la mêlée, on demande aux soldats, non de parler, encore moins d'écrire, mais de combattre. Les paroissiens de la Dalbade accomplirent certainement sans défaillance leur veillée d'armes; mais depuis 1812 seulement, au sortir de l'ouragan révolutionnaire, les actes de la confrérie nous sont connus. Les deux cent cinquante-cinq associées d'aujourd'hui sont si fidèles que, sûrement, l'adoration de leurs devancières n'a pas cessé, à travers les siècles, comme la lampe du sanctuaire, de brûler devant le Saint-Sacrement.

Autour du Saint-Sacrement s'est constituée, voici deux mois, une union paroissiale d'hommes. Le troisième dimanche de février, ils étaient cinquante escortant Jésus-Christ; leur nombre augmentera, mais nous voulons un contingent effectif, c'est-à-dire des hommes qui lisent la messe dans leur paroissien, qui portent un cierge à la procession et qui saluent quand ils passent devant l'église; nous voulons des hommes qui soient les dizeniers chrétiens de leur quartier, portant à domicile le christianisme. Quand chaque paroisse aura sa phalange compacte d'apôtres, alors, mais alors seulement, nos églises seront en sécurité. Car, Messieurs, nos églises, ce n'est pas du dehors, en un sursaut de colère, qu'il faut les défendre. Si d'ordinaire elles sont à peu près vides, tôt ou tard on les fermera. Mais on ne les fermera pas, si tous les hommes y viennent régulièrement manifester leur foi, car on peut toujours verrouiller une porte; mais quand les consciences sont résolument chrétiennes, on ne met pas les scellés sur ces consciences!

Des trente millions de cœurs qui forment, par l'Apostolat de la Prière, autour du Cœur de Jésus, un réseau d'adorantes supplications pour tous les pécheurs du monde, nous comptons dans notre paroisse environ cinquante zélatrices et trois cents membres. Après ce congrès, la visite au Saint-Sacrement, la communion réparatrice rallieront tous les cœurs fervents révélés à eux-mêmes par notre appel.

Afin que la coutume de la communion fréquente, et même quotidienne, s'enracine dans les âmes, selon le désir de S. S. Pie X, une œuvre s'est formée pour apprendre aux enfants que l'Eucharistie est une nourriture, et pour donner de très bonne heure à ces âmes candides la faim surnaturelle de Jésus-Christ. Que les femmes se hâtent, sinon la ferveur des enfants et celle des hommes va les surpasser. Depuis le 8 décembre, nous avons la Ligue des hommes pour la communion quotidienne. Ligue idéale! Pas de cotisation, ni de règlement, ni de formules. J'exhorte tous les hommes épris de liberté à donner leur nom au directeur, et surtout à Notre-Seigneur Jésus-Christ, pour communier chaque jour, pendant une durée à leur choix.

Pour ne désunir aucun ménage, même par la jalousie de la piété, je m'empresse de dire que nous avons une confrérie des Mères chrétiennes. Elle comptait deux cent cinquante membres... en 1870! Aujourd'hui?... Pourtant, celles qui manquent ne sont pas toutes mortes à la guerre! Allons, Mesdames, ne cherchez point d'excuses. Toutes, vous avez d'excellents conseils à recevoir... Vos maris... sont trop bien élevés pour vous les donner. Vos enfants... non, vous ne le supporteriez pas! Venez à la confrérie paroissiale. Les associées fidèles vous diront qu'elles y apprennent l'art inestimable de transformer le ménage en paradis!

Dans l'église d'Assise, une fresque de Giotto représente le mariage de saint François avec la Pauvreté. Innombrables sont les chrétiens imitateurs de saint François. Si les sociologues égalitaires en chambre assistaient à quelqu'une des réunions mensuelles de notre Fraternité du Tiers-Ordre, ils y découvriraient comment les riches se font pauvres afin que les pauvres deviennent les égaux des riches. Et nous souhaitons que beaucoup de nos paroissiens s'agrègent à notre famille franciscaine, afin que de plus en plus les pauvres goûtent la joie de n'être pas riches, et les riches, le charme de la pauvreté.

Aimer la paroisse, c'est aimer l'œuvre qui lui

donne des prêtres. Sous l'impulsion de Monseigneur l'Archevêque, en même temps que dans les autres paroisses, l'œuvre des Vocations sacerdotales s'est constituée à la Dalbade avec quarante-cinq associées. Certainement, notre vaillante Directrice conduirait à Monseigneur un bataillon plus nombreux. Mesdames, vos cotisations annuelles oscillent entre 4 et 5oo francs. Si vous cotisiez aussi vos relations, vos amitiés, vos enfants zélateurs, la Dalbade, qui fut une pépinière de vocations, le redeviendrait. Vous faites à l'Église l'aumône de vos bourses ; faites à Dieu l'aumône plus précieuse encore de bons prêtres. Nos ennemis amoncellent les ruines ; donnez-nous des reconstructeurs !

La piété vraie a horreur de l'individualisme. Les nombreuses confréries d'autrefois n'étaient que la forme religieuse des corporations ; elles groupaient les métiers en rapprochant les âmes. Aujourd'hui, nous avons la concurrence vitale qui semble plus scientifique, mais qui est assurément plus barbare. Sise au bord d'une rivière, la Dalbade avait, depuis 1122, un moulin. Jusqu'en 1888, les meuniers venaient, chaque année, processionnellement, à la Dalbade, escortant saint Martin, patron de leur confrérie. Depuis quelque temps, le moulin du Château appartient à la ville ; mais pour dissoudre la confrérie, le respect humain a précédé la municipalité. A la Dalbade se constitua encore la confrérie de Sainte-Barbe ; on redoutait la foudre quand nous n'avions pas encore le clocher ; depuis que nous avons le clocher, sans doute on ne craint plus la foudre, car la confrérie de Sainte-Barbe, autrefois florissante, elle aussi, a disparu. Mais arrêtons au plus tôt ce triste rappel des ombres. La très sainte Vierge groupe à la Dalbade deux confréries, bien vivantes celles-là : la confrérie Notre-Dame-du-Mont-Carmel, venue du couvent de la place des Carmes après l'expulsion des religieux en 1805 ; la confrérie du Rosaire, venue du couvent des Frères Prêcheurs et qui rassemble dans notre église, tous les premiers dimanches du mois, une assistance de plus de cinq cents personnes.

Intense parce que paroissiale, la piété doit être débordante parce que catholique. Nos paroissiens vivent trop de la foi pour ne point aider à sa diffusion lointaine. Pour la Propagation de la Foi, onze zélatrices et cent dix-sept associées ont recueilli, en ces derniers mois, de 7 à 800 francs.

L'œuvre de la Sainte-Enfance sera toujours aimée des enfants, qui s'émeuvent volontiers de compassion pour leurs petits frères rouges, jaunes et noirs. Le budget de la générosité enfantine atteignait autrefois le chiffre magnifique de 1.500 fr. Nous n'arrivons plus qu'à 6 ou 700 francs. Le jour viendrait-il, avant qu'il soit très longtemps, où les néophytes de la Chine nous réapprendront l'Evangile ?

Une œuvre dont la Dalbade s'enorgueillit, c'est la maîtrise. Les temps archaïques ne sont plus, où, autour d'un immense pupitre, un excellent homme battait aux chantres la mesure en jouant de l'ophicléide ! La maîtrise fut organisée par M. de Laportalière, dont l'orateur que vous allez applaudir perpétue l'autorité morale et le dévouement. Depuis trente ans, les chants de cette maîtrise continuent de magnifier d'harmonie l'éclat des cérémonies liturgiques ; cette maîtrise ose, soutenue par les alternances majestueuses du grand orgue, aborder les chefs-d'œuvre de Gounod, Dubois, Beethoven ; et il y a deux ans, Monseigneur l'Archevêque, présidant notre fête des Vocations sacerdotales, dut se croire transporté — Saint-Etienne me pardonne ! — aux plus grandioses solennités de la cathédrale.

... Nous nous sommes imposé de ne point louer les vivants, mais ici, j'enfreins la consigne, car je suis sûr d'interpréter le sentiment de tous nos paroissiens, en exprimant notre affectueuse reconsance au maître de chapelle qui, depuis vingt ans, prodigue inlassablement à notre maîtrise son dévouement de musicien expert et de croyant convaincu...

Quand nous admirons la splendeur de notre

église, il serait injuste d'oublier celles qui l'ont parée : les marguillières. Jugez-les toutes par ces deux traits. Nous conservons le souvenir d'une pauvre servante qui, chaque matin, devançait le carillonneur, et, avant d'entendre la messe pour retourner ensuite à son travail, époussetait minutieusement les stalles et s'agenouillait même pour polir longuement les dalles du sanctuaire... Et il y avait aussi un carrossier qui s'en allait — non pas en carosse — quémander de porte en porte, à l'un une bannière, à l'autre un pavillon; à celle-ci, une croix d'or; à celle-là, un baldaquin. Et sa dévote importunité n'avait d'égale que la magnificence des processions de la Dalbade. Et ces humbles nous précéderont dans le royaume de Dieu.

... Une superbe église, une assistance pieuse : c'est fort bien. Mais la nef n'est-elle pas trop muette, et l'assistance trop passive ? Ne devrions-nous pas animer tous les offices par la prière à haute voix et par le chant unanime des psaumes ? A tous ceux, sans exception, qui viennent, ne devrions-nous pas distribuer la parole de Dieu; leur communiquer tous les événements de la vie paroissiale, pour créer et maintenir entre les fidèles, et des fidèles au clergé, la communauté étroite des croyances et des joies, des tristesses et des vertus ? A ces questions, une seule réponse convient. Puisse-t-elle, après ce congrès, devenir une réalité.

II.

Cette vie fervente de la paroisse, c'est de loin qu'elle s'élabore par les œuvres d'enseignement. Commençons par nos Benjamins. Aux deux cents environ qui fréquentent nos catéchismes, nous donnons l'instruction et la piété chrétienne, avec quelle sollicitude, tous les bons chrétiens le comprendront.

Pour les élèves de l'école laïque, nous sommes admirablement secondés par les Dames catéchistes, qui les préparent à la confession, les surveillent pendant les offices. Nous obtenons ainsi des premières communions d'un tel recueillement que des témoins avouent chaque année : « On se croirait dans un couvent ».

Aux Etats-Unis, lorsqu'un prêtre crée un centre religieux, il commence par construire l'école ; sur l'école il bâtit la chapelle. Nous aimions déjà nos écoles libres parce qu'elles sont le fondement de l'église ; nous les aimons bien davantage depuis qu'elles sont une conquête.

Lorsque, en 1904, après plusieurs mois de luttes contre un pouvoir hostile, nous rouvrîmes la garderie, une centaine de petits y rentrèrent ; depuis,

3

le nombre a presque doublé. Et ils sont mignons autant que leurs prédécesseurs ! Que voulez-vous ? Ils n'ont pas connu les Sœurs de Charité ; ils ne peuvent pas les regretter... Et puis, les yeux de ces chérubins sont si limpides que peut-être ils voient, quand leurs bonnes gardiennes se penchent vers eux, flotter dans leur âme les ailes blanches qu'elles n'ont pas autour du front...

De la garderie, les enfants passent dans nos écoles. L'école des filles en comptait soixante-dix en 1905, aujourd'hui elles sont cent dix ; elles seraient encore plus nombreuses si nous avions un plus grand local. Avec la progression du nombre, nous conservons la qualité, qui est excellente par la tenue morale de ces enfants et leurs succès constants dans les examens officiels et religieux. Nous y reconnaissons, pour les en remercier vivement, l'expérience toujours en éveil de la directrice et la compétence indiscutable des maîtresses de classe.

A l'école des garçons, où nous recevons un contingent supplémentaire depuis la fermeture de l'école libre de la Daurade, même dévouement des maîtres, mêmes succès des élèves. Du reste, la tradition l'exige, dans une école qui a donné à l'Eglise plusieurs prêtres et religieux. Disons de plus que, pour attirer les bénédictions de Dieu sur l'école d'aujourd'hui, les maîtres d'hier, les chers Frères exilés, ne cessent point — quelques-uns

nous l'écrivent d'Espagne — de prier et de souffrir.
Nous leur adressons cordialement, au-delà des
frontières, notre souvenir ému.

Avec l'école Sainte-Barbe, les institutions Gayral,
Lepage, Griolet, Lafaille, la pension Sainte-Elisa-
beth nous pouvons compter environ six cents enfants qui reçoivent sur la paroisse une éducation
chrétienne. Je cite ces chiffres parce qu'ils portent
avec eux quelque espérance.

Pourtant!... Vous connaissez le cantique :

> Ils ne l'auront jamais, jamais,
> L'âme des enfants de la France!

Eh bien! mais nos maîtres actuels nous les prennent, les âmes d'enfants ; chaque jour ils nous les
prennent davantage, et avec ces âmes, ils nous
volent nos plus chères croyances, nos libertés,
l'avenir! Ah! Mesdames, Messieurs, donnez donc,
donnez, sans compter, vos fatigues et votre or,
pour soutenir et pour peupler nos écoles chrétiennes. Donnez, parce que, quand on a du cœur —
de l'or, on en retrouve toujours ; toujours, après
les fatigues, on reprend des forces nouvelles ; —
mais jamais plus nous ne retrouverions les âmes
d'enfants si nous les laissions sombrer dans les
écoles sans Dieu!...

La vie chrétienne reçue dans les écoles et les

catéchismes, comment la défendre dans le monde?

Les jeunes filles l'apprennent au Catéchisme de Persévérance. D'ailleurs, noblesse oblige, et ce catéchisme a de vieux parchemins. Fondé en 1819, dans la chapelle des Sœurs de charité, selon les statuts du célèbre Catéchisme de Saint-Sulpice, il vit affluer les jeunes filles de toutes conditions. Le catéchisme compte aujourd'hui cent soixante membres, et le chœur de chant que nous entendons à l'église n'est que la voix mélodieuse de toutes ces âmes qui s'élèvent ensemble dans la connaissance et l'amour de la vertu.

La sollicitude véritable ne s'interrompt jamais. Chaque dimanche, après les vêpres, dans deux vastes salles de l'Hôtel Saint-Jean, grandes et petites filles, sous une surveillance maternelle, viennent jouer et rire, à l'abri des dangers de la rue, pour la paix des parents, jusqu'au repas du soir.

Combien charmantes, le jeudi, les après-midi du Patronage Sainte-Geneviève. Des dames, — avec une complaisance digne de tous éloges, — y accueillent les fillettes, leur enseignent le ménage, la couture, l'hygiène, le tout entremêlé de lectures d'Evangile, d'histoires, de promenades hors les murs. Quelques-unes de ces petites sont envoyées aux colonies de vacances. Combien de mères de famille devraient confier leurs enfants à cette œuvre, qui prépare, de si agréable façon, des femmes saines, des ménagères diligentes, de fortes chrétiennes !

Après un an de persévérance dans l'Association Saint-Louis-de-Gonzague, les garçons entrent au Patronage Saint-Joseph. Avec les jeux où se dépensent leurs énergies juvéniles, ils y trouvent un cercle d'études et des conférences qui affermissent leur sentiment religieux par une connaissance raisonnée du christianisme et des plus actuelles questions sociales.

Vous avez lu récemment le souhait viril du lieutenant Ricard, tué au Maroc : « Si je meurs, ne me pleurez pas : priez pour moi. » Cette guerre est stupide, mais cette mort est glorieuse. Chers jeunes gens de France, nous voulons que vous soyez également capables de mourir glorieusement sous les plis du drapeau, et de vivre pour l'héroïsme obscur du devoir accompli chaque jour, avec pour devise ces nobles paroles du président Roosevelt : « Le vrai chrétien est le vrai citoyen, prêt à des actes de héros, mais ne dédaignant pas les petites choses, afin que, quand la mort viendra, il puisse sentir que l'humanité est quelque peu meilleure, parce qu'il a vécu ! »

III.

L'homme n'agit pas toujours d'après ses idées, mais il agit toujours d'après quelque idée. Tâchons de ne lui en donner que de bonnes, et il agira toujours bien. La grande semeuse d'idées, c'est la Presse. L'œuvre de Saint-François-de-Sales dans la paroisse, avec quinze zélatrices et cent cinquante membres, recueille jusqu'à 3oo francs pour répandre les publications honnêtes. En 19o5, deux cents familles de la Dalbade recevaient *la Croix*.

Depuis novembre 19o7, un salon de lecture est ouvert, place du Salin, 19. On y entre librement; on y trouve tous les journaux, tracts, revues, affiches convenables; on y peut écrire sa correspondance ou seulement s'y reposer en respirant le parfum salubre de la librairie. Ces œuvres de propagande se développeront dans la mesure où chacun leur apportera son concours. Dès lors que l'irréligion et le vice pervertissent les hommes, quelles que soient leurs opinions politiques, unissons-nous dans la religion et l'honnêteté, et préférons les journaux, livres et revues catholiques, aux journaux, revues et livres qui ne sont pas catholiques.

Œuvre sociale encore l'œuvre des Hommes chrétiens qui donnent successivement dans les diverses paroisses de Toulouse l'exemple public de leur croyance...

Œuvre sociale, l'Association de l'Etoile, composée d'hommes ayant suivi au moins une retraite fermée, qui prête à toutes les autres œuvres le zèle de ses membres, et comme son nom l'indique, rallie à sa lumière, pour la plus magnifique marche à l'Etoile, les bons qui hésitent sur le chemin...

Œuvre sociale, le cercle catholique d'ouvriers de la rue de la Madeleine. Avec ses deux cent vingt-huit membres, son cours d'études, son bureau de placement, ses consultations médicales, juridiques, financières, ses conférences publiques, sous l'influence nouvelle et déjà si persuasive de son directeur, par l'organisation solide que maintient son infatigable président, le cercle Notre-Dame reste un ardent foyer de christianisme qui rayonne à travers les quartiers de la Daurade, de la Dalbade et de Saint-Jérôme. La conférence Saint-Vincent-de-Paul distribue annuellement plus de 200 francs, et comme le remarque, avec une vigueur toute militaire, son rapporteur, M. le colonel de Villepin, cette aumône faite à des pauvres, — par des ouvriers, — est le plus éclatant témoignage de la fraternité chrétienne.

Œuvre sociale, le cours Saint-Louis-d'Anjou, qui groupe plus de deux cents externes du Lycée. Dans le vieil hôtel des chevaliers de Malte, ces enfants et jeunes gens, guidés par leur pieux et savant aumônier, fourbissent vaillamment les modernes armures, car, chevaliers modernes, ils conquerront la société : par leur savoir : ils sont parmi les meilleurs élèves de leur classe ; par leur christianisme : ils suivent des conférences d'apolo-gétique et d'études sociales ; par leur charité : leur conférence Saint-Vincent-de-Paul secourt environ quarante familles ; par leurs initiatives : ils ont collaboré à la fondation des jardins ouvriers, à Toulouse.

Œuvre sociale, la conférence Saint-Vincent-de-Paul établie à l'Ecole Sainte-Barbe. Tous les élèves y contribuent, et les pauvres bénéficient de leurs libéralités en même temps que l'Œuvre de la Sainte-Enfance.

Si le mariage chrétien est le seul garant de la stabilité des familles, l'Œuvre de Saint-François-Régis fait dans notre paroisse comme ailleurs, d'excellente besogne sociale. L'œuvre intervient dans les milieux les plus invraisemblables : taudis inaccessibles, roulottes de saltimbanques, jusque sous les arches des ponts ! L'œuvre semble brouillée avec l'ordre logique et chronologique, car souvent elle procède au baptême avant la célébration du mariage ; mais laissons faire, c'est la logique réparatrice de la charité.

Œuvre sociale, la Ligue patriotique des Françaises. En un temps où le féminisme sévit, où la femme moderne revendique chaque matin une nouvelle émancipation, voici que la Ligue ouvre à ses adhérentes les perspectives illimitées de l'action religieuse, patriotique et sociale. Les soixante-dix-huit ligueuses de notre paroisse ne manquent d'aucune bravoure. Femmes et Françaises de la Dalbade, allez augmenter leur nombre. Vous savez parler?... et quelle Toulousaine ne sait pas... devenez conférencières ; vous êtes impatientes d'agir, la Ligue vous en fournit tous les moyens ; devenez, — non pas des Charlotte Corday, — mais des Jeanne Hachette et des Jeanne d'Arc.

L'abbé H. Perreyve disait, voici cinquante ans : « Ne soyons pas plus détachés de la terre, ni plus spirituels que le Fils de Dieu. L'état physique des hommes a un rapport immédiat avec leur état moral : c'est déjà travailler pour l'âme du peuple que de combattre la misère et la faim. »

C'est par une pensée de charité pratique qu'en 1865 l'abbé Vignal, curé de la Dalbade, confiait aux Sœurs de la Croix six petites orphelines. Mais le malheur ne tarit jamais : la maison hospitalière se transforma bientôt en école et ouvroir qui reçoivent d'ordinaire une quarantaine d'enfants. Depuis trois ans, les plus jeunes doivent suivre l'école paroissiale, mais l'ouvroir continue de former des ouvrières. Toutes, sous la direction discrète et sûre des bonnes Sœurs de la Croix, développent aussi les vertus chrétiennes, et c'est leur âme reconnaissante que leurs chants expriment chaque semaine dans notre église aux saluts du Saint-Sacrement.

Au Moyen-âge, quand un religieux expirait, on

portait de monastère en monastère le *rouleau des morts* et chacun inscrivait sur le parchemin funèbre une prière pour le défunt. Cette solidarité, qui relie les vivants aux morts, nous la retrouvons dans la plupart des confréries qui perpétuent d'âge en âge la prière pour les disparus. Mais la piété est aussi ingénieuse pour les misères corporelles. Par exemple : la Société de secours de N.-D.-du-Mont-Carmel.

Fondée en 1809 ; cotisation : 12 francs. Avantages : le sociétaire reçoit 12 francs par semaine pendant sa maladie, 5 francs pendant la convalescence. Pour infirmité : 6 francs par mois, les soins gratuits d'un docteur. En cas de décès, 50 francs à la famille pour les funérailles... Vous le voyez : malgré tous leurs discours sur la mutualité et l'altruisme, les philanthropes en retard ne font que démarquer les initiatives de la charité.

Autre industrie intelligente de la charité : le Prêt gratuit de la rue Saint-Jean. L'œuvre avance des fonds sur dépôt d'un objet et sans percevoir aucun intérêt. J'allais oublier un détail : le Prêt gratuit fut constitué en 1828, à l'archevêché de Toulouse, par Mgr de Clermont-Tonnerre, le maire et le receveur général. Ni l'un ni l'autre de ces messieurs ne songeait à confisquer à son profit la charité... Et cela se passait il y a bien longtemps... La Charité ! C'était le nom d'une demeure de la rue Saint-Jean où, depuis 1708, les Sœurs de Saint-Vincent-de-Paul préparaient le bouillon des malades, faisaient la classe aux enfants, dirigeaient un ouvroir. Nous les avons entrevues dans toutes nos œuvres de piété ou de bienfaisance ; pas une famille de la paroisse qui n'ait dû les bénir. Après un siècle et demi, des misérables ont fermé la maison et chassé les Sœurs... Pourtant, nous les apercevons encore dans les rues boueuses, sur les seuils indigents... Dispersées, doucement elles s'obstinent...

Avez-vous contemplé, au bord de la mer, dans la brume du soir qui tombe, la ligne indécise d'horizon où semblent se rejoindre les flots et le ciel?... Des blancheurs y frissonnent : ailes de mouettes ou voiles de navire... Et l'on ne sait si elles vont disparaître ou grandir... Dans l'ombre de nos jours tristes, vous ne voyez plus qu'à peine frissonner, de loin en loin, les cornettes aux ailes blanches... Eh bien, reprenez espoir ; elles ne s'en vont pas... elles reviennent !

Les pauvres sont les membres déshérités de la famille paroissiale. Le clergé s'est toujours préoccupé de leur venir en aide. L'œuvre de la Providence, créée en 1817 à la Dalbade, discipline la charité et centralise les aumônes. Nous y admettrons tous nos paroissiens dont la charité s'égare ou s'inutilise par l'isolement.

Depuis 1879, des dames, désireuses de fournir aux pauvres le vêtement, ont constitué l'œuvre du Vestiaire. Elles sont aujourd'hui quarante-sept travailleuses volontaires, dont une, honorablement connue à Toulouse, Mme Courtois de Viçose, prouve, par son exemple, malgré la différence de religion, que la charité est véritablement catholique.

Si par charité les dames se font ouvrières, des ouvrières, dans l'œuvre des Vieillards délaissés, se font charitables comme si elles étaient riches. Riches? oui, elles le sont les cinquante ouvrières qui apportent à leur pauvre vieux ou à leur aimable vieille, avec le bon de pain ou de bois, l'aumône exquise de leur jeunesse, la grâce de leur sourire, le baume de leurs paroles chrétiennes.

Et quand ils sont malades ou que survient un désaccord de famille, nos indigents trouvent chaque mercredi, à la Maison sociale de la rue de la Hache, des dames qui leur donnent un conseil pratique, un médecin qui veut les guérir gratuitement, un avocat conciliateur...

Les pauvres? Il en est de susceptibles qui n'osent point dévoiler leur dénuement dans les foules, même à l'église. Qu'à cela ne tienne! La messe des pauvres de la ville est dite exclusivement pour eux tous les dimanches, à sept heures et demie. Dans l'hôtel Saint-Jean, quelques paroles réconfortantes leur sont adressées, et parce que l'homme ne vit pas seulement de la parole de Dieu, les bienfaiteurs s'ingénient pour y ajouter quelque douceur complémentaire.

Nous avons réservé pour l'œuvre qui synthétise toutes les œuvres de charité notre plus sincère parole d'admiration.

En 1622, nous apprend un vieux document, se fondait à Toulouse l'œuvre de « l'Aumosne générale ». De la caisse, une clef fut confiée à Monseigneur l'Archevêque la deuxième à M. le premier Président, la troisième au chef de l'hôtel de ville ! Un tel abus était intolérable. Rassurez-vous ; il n'a pas duré. Ne regrettons pas trop la défunte « Aumosne générale » ; nous avons la Société Saint-Vincent-de-Paul. En 1837, lorsqu'elle s'établit à Toulouse, l'un de ses premiers zélateurs fut un ami de Frédéric Ozanam, M. Magnes, dont le nom est toujours dignement porté à la Dalbade. Vers 1846, avant la construction du quai de Tounis, quand la Garonne poussait inopinément aux riverains pauvres des visites qui n'étaient point de charité, les apôtres de saint Vincent de Paul se multipliaient pour réparer les désastres. Aujourd'hui, ils secourent cinquante-quatre familles. « Relativement à notre population, c'est beaucoup », remarque le rapporteur... Sans trop d'émoi, laissons dire M. Bressolles dont le nom est depuis.

longtemps synonyme de charité... Et puis, quand on a, comme chez nous, les rues des Moulins, de la Hache et de l'Homme-Armé !... La parfaite charité, c'est, quand on le peut, d'arracher le malade à la maladie, le pauvre à la pauvreté, l'oisif à la paresse. L'œuvre de Saint-Vincent-de-Paul a doté plusieurs familles de jardins ouvriers, organisé les colonies de vacances pour enfants, utilisé l'assistance par le travail. Dans la rue Saint-Remézy, quelques indigents gagnent leur menue journée en travaillant pour l'œuvre des Vieux-Papiers.

Un mot encore : Des visiteurs de nos pauvres, la plupart ne sont point de la paroisse !... Hommes chrétiens de la Dalbade, à Saint-Vincent-de-Paul, on connaît bien le mot de Bossuet : « Voulez-vous entrer aux cieux ? Les portes vous sont ouvertes, pourvu que les pauvres vous y introduisent. » Messieurs, retenez cette parole, et, au plus tôt, faites le geste réparateur !

Saint Augustin disait de saint Ambroise : « Je me pris à l'aimer, non parce qu'il enseignait la vérité, mais parce qu'il était bon pour moi. »

Œuvres de piété, établissements scolaires, propagande des idées chrétiennes, les catholiques y dépensent une merveilleuse générosité. Mais cette action reste généralement inefficace parce que jusqu'à présent les âmes y étaient insuffisamment préparées. Désormais, de plus en plus, faisons du bien par toutes les œuvres sociales qui secourent l'indigence des foules ou relèvent leur dignité. Quand les foules auront expérimenté que notre dévouement n'est l'œuvre intéressée d'aucun parti, mais l'expansion spontanée de notre catholicisme, les foules aimeront le catholicisme, elles reviendront vers lui... et la France, soyez-en sûrs, se réveillera, parce que vraiment, comme le disait naguère l'écrivain illustre du *Blé qui lève*, « dans le plus pauvre sang de France il y a toujours une goutte qui croit !... »

Et donc, Monsieur le curé, pour un village, la Dalbade est un beau village ! Et puisque vous y êtes bien pour quelque chose, permettez-moi de vous remercier au nom de tous nos villageois, qui sont fiers, après ce congrès, de leur paroisse et de leur curé.

Je termine. Dans un hameau d'Irlande, où la persécution avait semé la misère mais enraciné la foi catholique, les paysans assistaient à la messe, un dimanche, sous un hangar délabré. Soudain, on entendit un craquement. La toiture, vermoulue, s'effondrait. Alors, tous les hommes élevèrent leurs mains, et jusqu'à la fin de la messe ils soutinrent au bout de leurs bras vigoureux la toiture qui protégeait leur prêtre et abritait leur Dieu.

Ce fait historique est un symbole. Toutes les œuvres que je viens d'énumérer sont les organismes nécessaires d'une vie paroissiale intense. Pour soutenir la paroisse, soutenez ces œuvres. Il faut donc que ce soir pas un de vous ne quitte ce congrès sans s'être promis de choisir une œuvre, puis, corps et âme, de s'y dévouer.

. Dans les batailles, pour entraîner les soldats vers la victoire, à la suite du lambeau d'étoffe qui représente la patrie, le clairon sonne au drapeau !

Notre clocher est le plus fier dont la flèche aérienne symbolise une paroisse. Eh bien, Mesdames, Messieurs, je sonne, pour rallier tous les paroissiens de la Dalbade, je sonne au clocher !...

V

DISCOURS

De Mᵉ Adrien DE LAPORTALIÈRE

CONSEILLER DE PAROISSE

ANCIEN BATONNIER DU BARREAU DE TOULOUSE.

Nous regrettons vivement de ne pas donner intégralement le discours prononcé avec tant de conviction et d'autorité par Mᵉ de Laportalière. Ses travaux professionnels ne lui ont pas laissé le loisir de reconstituer et d'écrire son improvisation. C'est un long mois après la séance de clôture que les passages ci-après de ce discours ont été reproduits de mémoire. Mᵉ de Laportalière a eu la bonté de les revoir et d'y reconnaître sa pensée et, le plus souvent, ses propres expressions. Il voudra nous excuser si nous avons lamentablement défloré son œuvre.

MONSEIGNEUR,

Le rapport si religieusement écouté de M. l'abbé Manenc est un magnifique tableau de la vie paroissiale dans notre quartier de la Dalbade.

Quelle belle floraison d'œuvres de piété, de charité et de fraternité sociale sur ce petit espace de terre toulousaine circonscrit entre les Couteliers et Saint-Michel, Tounis et les Carmes !

Tout est fait, à la Dalbade, pour exciter en nous des sentiments de fierté.

Notre territoire n'est pas grand, mais il nous est si familier que nous l'aimons comme notre village. Tous les visages nous sont connus, et nous nous intéressons, comme des amis, à nos bons voisins du quartier.

Notre église de brique, au large et harmonieux vaisseau, à la flèche hardie, que pourrait nous envier une insigne basilique, est posée au centre de la paroisse, au carrefour des quatre voies qui lui amènent ses fidèles des quatre points de son horizon.

Le ciseau de Bachelier a fouillé la pierre de son portail, et Virebent l'a embelli d'une magistrale céramique.

C'est dans notre rue principale que l'étranger vient admirer les élégantes demeures de nos anciens parlementaires, l'Hôtel Saint-Jean, où l'ordre de

Malte a réalisé la beauté architecturale par la seule puissance de la ligne, et à côté l'Hôtel de Pierre, qui rachète sa façade lourde et surchargée par sa cour exquise.

La nature elle-même nous a fait le don d'un fleuve en miniature, la Petite Garonne, qui a sur notre territoire sa source et son embouchure.

Mais ce qui vaut mieux que tout cela, c'est la succession des prêtres éminents par leurs vertus et par leur zèle que la Providence nous a donnés depuis un siècle. C'est à eux que nous sommes redevables de la plupart des fondations dont on vient de nous entretenir.

Quelque complet qu'ait été le rapport de M. Manenc, il a laissé dans l'ombre l'œuvre paroissiale par excellence, celle qui anime et vivifie toutes les autres, je veux dire l'œuvre de l'apostolat, sous toutes ses formes, confiée au clergé paroissial.

C'est par le sacerdoce que la religion se maintient dans le monde. Otez la religion, il n'y a plus ni ordre, ni justice, ni société.....

Nous sommes tous les jours témoins de ce que devient une nation sans Dieu. On voit s'accumuler en elles ruines sur ruines. On se demande avec terreur dans quel abîme notre pauvre pays se précipite.....

De tout temps il y a eu des athées; ce qui est particulier à notre époque, c'est que l'athéisme est devenu la base de notre organisation sociale, telle que l'Etat la veut établir.....

Dieu est chassé de partout, de la famille, de l'école publique, de la vie nationale, des lois et même de la conscience individuelle.....

Le christianisme, qui est la synthèse la plus parfaite des règles qui assurent la vie des sociétés civilisées, est combattu par nos aveugles réformateurs, qui pourraient, si la haine ne les égarait pas, juger leurs erreurs par les conséquences qu'elles ont déjà produites.....

L'intolérance, la division, la lutte des classes, les revendications violentes, feront bientôt de notre beau pays une terre inhospitalière, une nation où régneront, avec l'anarchie des idées, l'égoïsme sans frein et la seule force brutale sans le contrepoids de la raison et de la justice......

Les congrégations ont été spoliées les premières. La franc-maçonnerie les a livrées à des liquidateurs dont les procédés de pillage étonnent le Sénat lui-même, qui sera, n'en doutez pas, un tribunal facile. Après les congrégations, c'est l'Eglise catholique elle-même qui est spoliée dans le traitement légitime de ses ministres et dans ses fondations religieuses, confisquées même entre les mains des familles qui les ont faites avec l'assentiment de l'Etat.

A bientôt les conséquences nouvelles de ce précepte méconnu du Décalogue : « Tu ne prendras pas le bien d'autrui »…..

Tout tend aujourd'hui à diminuer la foi religieuse. Elle seule, cependant, renferme la sanction permanente à la violation des règles de la vie sociale. Sans elle la morale ira en s'affaiblissant jusqu'à sa complète disparition. Car il ne faut pas s'illusionner, la morale est bien fragile quand elle n'est pas fondée sur le divin…..

Portalis disait devant le corps législatif, il y a un siècle : « Il est temps que les théories se taisent devant les faits. Point d'instruction sans éducation et point d'éducation sans morale et sans religion. »

Cette parole de l'expérience est toujours vraie. L'œuvre essentielle au point de vue social est donc l'œuvre de l'enseignement chrétien, et cet enseignement commencé à l'école se perpétue, dans les consciences, par tous les contacts paroissiaux…..

L'heure présente est sombre, moins par elle-même que par l'avenir qu'elle prépare…..

Nous voyons tous clairement le danger qui menace nos familles et notre pays tout entier. Faut-il renoncer à lutter contre les forces de désorganisation religieuse et sociale?

Non, Messieurs, il faut retremper notre courage à la source même du catholicisme. M. l'abbé Manenc nous rappelait tout à l'heure le souvenir de ces chrétiens d'Irlande qui soutinrent jusqu'à la fin du saint sacrifice la toiture qui menaçait de tomber. Eh bien, nous imiterons ces vaillants et de nos mains tremblantes nous soutiendrons le toit sous lequel s'abritent nos libertés les plus sacrées. Elevons nos cœurs ! Nos bras sont impuissants, il est vrai, mais qui sait si le salut n'est pas plus proche de nous que nous ne le pensons ? Dans les ténèbres qui nous environnent, Dieu peut faire briller tout à coup le rayon qui éclaire et qui sauve. Comme les apôtres effrayés par la tempête, nous avons peur et nous crions : « Seigneur, sauvez-nous, nous allons périr ! » — Un bon vent peut enfler les voiles et nous conduire au port. Car l'Esprit souffle où il veut, et demain peut-être il rendra au peuple de France la vision de ses vrais intérêts. En attendant, ayons confiance dans les chefs que Dieu nous a donnés. Monseigneur, vous êtes le chef du diocèse ; Monsieur le Curé, vous êtes le chef de la paroisse. Votre charge est difficile, vos responsabilités sont graves. Mais vous n'avez rien à craindre. Vous avez la lumière pour nous conduire : commandez et nous obéirons.

On conçoit les applaudissements qui ont accueilli, à maintes reprises, les paroles vibrantes de l'orateur, et la confiance ferme et vaillante que ces paroles ont mise au cœur de tous.

VI

ALLOCUTION

DE S. G. MONSEIGNEUR JEAN-AUGUSTIN GERMAIN

ARCHEVÊQUE DE TOULOUSE.

Cette allocution, reproduite de mémoire, a été soumise à l'appréciation de Monseigneur l'Archevêque qui a daigné y retrouver l'expression fidèle de sa pensée.

Si je n'avais pas un attrait naturel pour les congrès, celui de Saint-Etienne, auquel j'assistais il y a deux mois, me les aurait fait aimer et m'aurait donné un goût de « revenez-y » irrésistible. Je viens à vous ce soir en suivant la pente de mon cœur, heureux de vous dire ma satisfaction, mes espérances, et de vous donner une nouvelle marque de mon affection paternelle.

Après les belles choses que vous venez d'entendre, je dirai deux mots seulement : un merci et un conseil.

Si je devais donner à vos travaux une louange qui égalât leur valeur, je serais beaucoup trop long, je pourrais en oublier quelques-uns, et les expressions me manqueraient pour rendre leur excellence et leur diversité.

Mon cher curé, je ne ferai pas votre éloge ; vous louer, ce serait me louer moi-même, puisque c'est moi qui vous ai pris à la « cité » de Montgiscard pour vous placer au « village » de la Dalbade. Je vous dis simplement merci. Oui, merci pour l'intérêt que vous portez à votre paroisse et à toutes les œuvres bien vivantes qui l'animent ; merci pour cette belle réunion que vous avez préparée et qui nous donne l'impression d'une fête de famille.

J'adresse aussi mes remerciements à l'homme de foi que nous venons d'applaudir. J'applique à M. de Laportalière ces mots que je lisais tout à l'heure dans l'office de demain[1] : « *Laudent eam in portis opera ejus.* Vous ne serez pas seulement glorifié devant les juges de la terre, vous le serez encore devant Dieu. » Recevez ma paternelle reconnaissance.

Je ne louerai pas M. l'abbé Manenc. Les jeunes, on se contente de les encourager. Mais l'encou-

---

1. *Sainte Françoise Romaine ;* 3e leçon.

ragement que je lui adresse n'est-il pas une louange?

Merci à tous ceux qui ont pris dans ce magnifique congrès une part active aux travaux, à tous ceux qui ont assisté à ses séances, à tous ceux qui se trouvent aujourd'hui dans cette salle et qui offrent un si beau spectacle d'union.

A ces remerciements, je veux ajouter un conseil : Assurez le succès de ce congrès par la persévérance. Souvenez-vous de la parole de Notre-Seigneur : « *Qui autem perseveraverit usque in finem, hic salvus erit*[1]. » Mais la persévérance, direz-vous, pourquoi? Toutes nos œuvres sont une preuve que nous persévérons. — C'est vrai; mais je vous demande de persévérer dans l'union. *Unum est necessarium*[2], puis-je dire. La chose nécessaire, c'est l'union des œuvres diocésaines. « Travaillez, comme vous le disait M. de Laportalière, élevez vos cœurs bien haut; soyez unis, et que, grâce à vos efforts et à votre zèle, vos œuvres soient toujours actives et fortes. » Alors le mouvement donné par la Dalbade se continuera dans les autres paroisses de la ville, du diocèse et de la France.

Aux paroles de l'abbé Perreyve, que l'on vous

---

1. *Saint Mat.*, **x**, 22.
2. *Saint Luc*, **x**, 42.

citait précédemment, j'ajouterai celles d'un de ses contemporains, Augustin Cochin. Déjà, de son temps, il s'écriait : « Nous en sommes à l'éparpillement : aujourd'hui, plus de grande école, plus de grand parti, mais chacun à part. On ne voit plus de grands navires portant sous le même pavillon des équipages en ordre, mais des nuées de petits bateaux à un seul rameur, comme dans les baies des îles habitées par les sauvages. »

Messieurs, tout le mal est là. Là est la cause de notre faiblesse ! De grâce, Messieurs, désormais plus de petits bateaux, sûrement exposés au naufrage, mais, résolument, montons sur le grand navire de l'Eglise, regardons comme un ennemi et un traître quiconque trouble la manœuvre, critique les ordres du capitaine et refuse d'obéir.

Soyons unis et disciplinés, confiants dans la direction du pilote qui s'appelle Pie X, sachant bien que c'est l'Esprit-Saint, cet Esprit dont l'Apôtre a dit : Il souffle où il veut, *Ubi vult spirat,* qui enfle les voiles du navire et qui nous conduit sûrement, après une navigation plus ou moins longue, plus ou moins laborieuse, au terme de nos éternelles destinées.

PREMIÈRE SÉANCE DE TRAVAIL

Présidée par M. le Curé

Vendredi 6 Mars, 9 heures 1/2.

ŒUVRES AYANT UN CARACTÈRE PLUS PARTICULIÈREMENT RELIGIEUX

VII

ŒUVRE DE LA SAINTE-ENFANCE

RAPPORT

Présenté par Mme CARRIEU

PRÉSIDENTE DE L'ŒUVRE

Un rapport sur l'Œuvre de la Sainte-Enfance dans la paroisse Notre-Dame la Dalbade doit être forcément restreint et ne peut contenir ni développements historiques sur l'origine de cette œuvre si connue, ni aperçus qui pourraient être intéressants, mais hors de propos, sur sa bienfaisante utilité au point de vue catholique. Je rappellerai simplement que cette œuvre est l'association des enfants chrétiens pour le rachat, le baptême et l'éducation chrétienne des enfants de la Chine et des autres pays infidèles.

La constatation exacte de ce qu'est l'œuvre dans la paroisse et l'exposé de quelques vœux dont la réalisation serait de nature à l'améliorer, tel est l'objet de ce rapport.

L'œuvre de la Sainte-Enfance est placée à Toulouse, sous le patronage d'un conseil diocésain dont le directeur est M. l'archiprêtre de la Métropole.

Ce conseil a une présidente depuis longtemps connue et appréciée, qui communique à chacun de ses membres l'impulsion nécessaire à l'organisation et à l'accroissement de l'œuvre.

Dans la paroisse Notre-Dame la Dalbade, la Sainte-Enfance est établie depuis de nombreuses années. Elle est confiée à la direction d'un vicaire délégué par M. le curé. Ce vicaire est secondé par un conseil paroissial, composé d'une présidente et de quinze zélatrices. On compte, parmi elles, les directrices des écoles libres chrétiennes et de plusieurs pensions particulières.

Les zélatrices, par les soins du directeur paroissial, sont une fois par an convoquées à une réunion où sont débattus et étudiés les moyens les meilleurs de propagande. Le directeur saisit avec plaisir l'occasion qui lui est offerte pour faire entendre des paroles réconfortantes et pour montrer la grandeur de l'œuvre. Cette réunion fait un grand bien : elle encourage les zélatrices, qui se connaissent, se comptent, s'estiment réciproquement et s'intéressent plus vivement au progrès de l'œuvre.

Une secrétaire est chargée de rédiger et de conserver le procès-verbal des réunions.

Comment fonctionne l'œuvre? Le voici : les zélatrices ont leurs listes d'associés, qui versent entre leurs mains la cotisation demandée. Le nombre des associés s'élève environ au chiffre de cent dix, et leurs cotisations sont de 80 à 100 francs. Les directrices de pension recouvrent également les cotisations de leurs élèves et savent, par de pieuses industries, se procurer de fructueux suppléments.

Je serais ingrate si je ne cédais au désir de rendre un hommage mérité aux excellentes Sœurs de Saint-Vincent-de-Paul qui, par leur maternelle influence sur les enfants des classes qu'elles dirigeaient autrefois, obtenaient de nombreuses offrandes qui manquent aujourd'hui. Je leur adresse l'expression la plus attristée de tous les regrets que fait éprouver leur douloureux départ.

Deux écoles de garçons méritent aussi une mention toute particulière : celle de Sainte-Barbe, dont l'offrande est toujours généreuse, et l'Ecole libre chrétienne, qui participe à l'œuvre dans la mesure de ses ressources.

Je dois encore signaler l'Institut catholique, le couvent de la Visitation et l'Orphelinat des Sœurs de la Croix, dont la contribution vient augmenter chaque année les dons particuliers faits à l'œuvre.

Une fête solennelle est célébrée tous les ans dans l'église de la Dalbade. Les enfants s'y rendent en grand nombre et versent généreusement leur petite obole dans la bourse présentée par deux d'entre eux, après qu'ils ont entendu une allocution de circonstance prononcée par le directeur paroissial.

Une fête générale se célèbre également chaque année à la métropole; tous les enfants de la ville y sont conviés. Elle est présidée par Monseigneur l'Archevêque. Les enfants appelés à l'honneur d'être parrains et marraines déposent entre ses mains une offrande qui se joint aux ressources paroissiales.

La Sainte-Enfance a ses *Annales,* qui paraissent tous les deux mois. Elles sont distribuées aux zélatrices et aux directeurs et directrices de pensions, qui sont ainsi tenus au courant de la marche générale de l'œuvre et édifiés par les bienfaits qu'elle répand.

Malgré tout et quels que soient encore aujourd'hui le zèle et le dévouement des personnes s'intéressant à cette œuvre, les recettes, qui autrefois se sont élevées jusqu'à 1.500 francs, se sont, depuis plusieurs années, abaissées à un chiffre qui varie entre 500 et 700 francs. En constatant cette diminution, on serait tenté de se décourager si cela était permis quand on travaille pour le bien. Il ne faut donc pas céder à ce mauvais sentiment et s'immobiliser dans d'inutiles regrets. Et telle est bien la pensée de Monseigneur l'Évêque de

Nevers, qui tout récemment vient d'adresser au directeur général de la Sainte-Enfance une courte et éloquente lettre sur la nécessité de maintenir en France cette grande et belle œuvre. Je me reprocherais de ne pas la reproduire ici tout entière, car elle est un précieux encouragement pour notre zèle et pour notre apostolat.

Nevers, le 6 décembre 1907.

MONSEIGNEUR,

Vous avez cent fois raison de stimuler le zèle des évêques et des curés pour notre belle œuvre de la Sainte-Enfance. Ce ne sont pas les malheurs des temps ni les exigences du Denier du culte qui pourraient excuser les enfants de France et leurs parents s'ils allaient, sous de tels prétextes, supprimer leurs cotisations à la Sainte-Enfance.

Non, il faut à tout prix que nous conservions, dans l'état florissant d'avant la persécution, nos grandes œuvres apostoliques.

Ne cessons pas d'alimenter l'apostolat en donnant des missionnaires, des sœurs, des écoles, aux pays infidèles et des ressources pour le budget des missions.

Si la France, se repliant sur elle-même, économisait sur les fonds de l'apostolat, elle ferait comme les États qui se ruinent en prenant les biens de l'Église.

Et je commencerais à croire que Dieu veut l'abandonner à la décadence.

Tout au contraire, plus nous sommes malheureux et besogneux nous-mêmes, plus nous devons donner aux œuvres qui propagent le règne de Dieu dans le monde. C'est ainsi que nous forcerons la bonne Providence à être miséricordieuse pour notre pays malheureux et coupable.

Et qu'importe s'il faut qu'on se prive un peu pour donner toujours ici en donnant encore là !

Ce n'est pas sur les cotisations anciennes et nécessaires qu'il faut prendre les ressources pour les besoins nouveaux, c'est sur notre superflu, sur notre luxe, sur nos plaisirs, sur la recherche des vêtements, de la toilette, des commodités de la vie. Ah ! n'avons-nous pas besoin de l'apaiser, la justice de Dieu par des sacrifices, et si nous ne voulons pas en faire, eh bien, la justice de Dieu permettra que nous soyons dépouillés des biens dont nous ne savons pas faire usage et dont nous ne voulons pas donner à Dieu la part qu'Il nous demande et qu'Il pourrait bien prendre malgré nous, mais que dans sa bonté Il attend de notre libre offrande.

Je vous remercie, Monseigneur, de m'avoir fourni l'occasion de donner à mes diocésains un avertissement nécessaire et veuillez agréer l'expression de mes plus respectueux sentiments.

† FRANÇOIS-LÉON,
évêque de Nevers.

Après ces conseils si autorisés, je n'ai plus qu'à exprimer quelques vœux me paraissant nécessaires à l'amélioration de l'œuvre :

1º Il faudrait augmenter le nombre des zélatrices afin de multiplier les listes d'associés pour faire connaître l'œuvre de plus en plus dans les divers quartiers de la paroisse;

2º Il serait désirable que les parents chrétiens fissent inscrire leurs enfants à la Sainte-Enfance dès le jour de leur baptême. La cotisation si minime de soixante centimes par an est vraiment à la portée de tous;

3º La dévotion à la Sainte-Enfance existe dans l'église de la Dalbade depuis plus de deux siècles dans une chapelle érigée sous ce vocable; on voit en grandeur naturelle le groupe des personnages ordinaires d'une crèche. Mais cette crèche n'est-elle pas, pour les enfants, un monument trop artistique et ne serait-il pas utile de dresser dans un lieu plus accessible une crèche plus ordinaire? Les enfants y viendraient, au temps de Noël, visiter l'Enfant Jésus et seraient heureux de déposer à ses pieds une petite obole.

Je demande au divin Enfant, patron de l'œuvre, de bénir ces vœux et d'en hâter la réalisation dans la paroisse Notre-Dame la Dalbade.

VIII

ŒUVRE DE SAINT-FRANÇOIS-DE-SALES

RAPPORT

Présenté par Mlle HIGOUNENC

ANCIENNE PRÉSIDENTE DE L'ŒUVRE.

Dans la paroisse de la Dalbade, où une large part est faite aux œuvres de zèle et de charité, l'œuvre de Saint-François-de-Sales devait venir en bon rang.

Fondée par Mgr de Ségur, au milieu du siècle dernier, éclose sous la bénédiction de Sa Sainteté Pie X et baptisée par lui du nom de « Propagation de la Foi à l'intérieur », cettte grande œuvre devient plus particulièrement nécessaire dans un temps où notre pays semble vouloir retourner au paganisme.

On sait quel admirable développement a pris l'œuvre de Saint-François-de-Sales et avec quelle générosité elle soutient tous les intérêts religieux : missions, écoles, patronages, bibliothèques populaires, et réalise ainsi merveilleusement l'idée primordiale de son vénéré fondateur.

La genèse de l'œuvre dans la paroisse de la Dalbade est quelque peu imprécise. Peut-être, comme pour la création, une seule parole a été dite par le pasteur, et à son appel ont surgi tous les dévouements, se sont groupées toutes les bonnes volontés.

Il nous est permis de le croire, car, dès le début, la Dalbade figure dans la collecte des recettes faites dans le diocèse.

Nos souvenirs se fixent à 1896, époque à laquelle M. l'abbé Soulassol, vicaire et directeur, donna une impulsion nouvelle à l'œuvre en réorganisant le comité et multipliant le nombre des zélatrices.

Depuis lors, le fonctionnement établi est resté le même et MM. les Vicaires qui se sont succédé comme directeurs ont, avec zèle, maintenu le mouvement.

Les zélatrices sont actuellement au nombre de quinze, et les associées cent cinquante environ.

Les ressources de l'œuvre sont obtenues par des cotisations de 60 centimes, par la quête faite à l'église le jour de la fête de saint François de Sales, et par des dons particuliers. Dans les cinq dernières années, le versement le plus élevé effectué par le paroisse de la Dalbade s'est porté à la somme de 3oo francs en 1go3, et le moins élevé, à la somme de 25o francs en 1go5. Le chiffre de 3oo francs a été heureusement atteint cette année.

La cotisation, très modique, permet aux plus humbles d'apporter leur offrande. Un *Ave Maria* est demandé chaque jour aux associés, ce qui est aussi une aumône, et non la moins efficace.

Prière et aumône réalisent dans les âmes le bien-fait de la sanctification personnelle; le premier fruit de la charité étant toujours la récompense de celui qui l'exerce.

Les recettes, centralisées à Paris, sont une réserve où viennent puiser les directeurs des nombreuses œuvres sociales et religieuses qui se partagent la charité des catholiques à l'heure actuelle.

C'est l'avantage des grandes associations : on donne et on reçoit ; de bienfaiteur, on devient obligé. L'œuvre est donc éminemment paroissiale, ainsi que le mettait en lumière le directeur actuel de l'œuvre, dans l'une des deux réunions annuelles.

Un moyen de diffusion est le *Bulletin*, organe mensuel de l'œuvre. Dans la paroisse de la Dalbade, quarante-cinq bulletins sont distribués aux zélatrices et, par elles, à leurs associées. Ainsi pénètre dans les familles cette modeste petite feuille pour combattre la mauvaise presse par les tracts populaires qu'elle contient, en même temps qu'elle offre aux patronages des nouvelles aussi récréatives qu'édifiantes.

Au 1ᵉʳ janvier, sur la demande du directeur, l'œuvre reçoit en don des almanachs, des images et des brochures pieuses.

Enfin, la fête du saint évêque de Genève, patron de l'œuvre, célébrée avec solennité, groupe aux pieds de la chaire zélatrices et associées, heureuses d'entendre rappeler, dans de chaleureuses et brillantes allocutions, la grandeur et les bienfaits de l'association.

Notre ambition serait que l'œuvre progresse par un plus grand nombre d'adhésions et que, mieux connue, appréciée comme elle le mérite, elle ait une place d'honneur dans tous les foyers chrétiens.

Nous demandons à Dieu de la bénir plus que jamais, parce que jamais elle n'a été plus opportune, et grâce au généreux concours que nous sollicitons elle ne faiblira pas à sa noble et haute mission : fortifier, étendre et protéger la foi catholique dans les âmes de France.

IX

ŒUVRE DE LA PROPAGATION DE LA FOI

RAPPORT

Présenté par Mlle BOUCHE

MEMBRE DU CONSEIL PAROISSIAL DE L'ŒUVRE.

Le but de l'œuvre de la Propagation de la Foi est de contribuer, par la prière et par l'aumône, à la diffusion de la foi parmi les infidèles.

C'est à Lyon, entre 1815 et 1822, que cette œuvre admirable a pris naissance.

En 1815, Mgr Dubourg, évêque de la Nouvelle-Orléans, dans la Louisiane, quittait Rome où il venait d'être sacré et s'arrêtait quelques jours à Lyon. Il était préoccupé de recueillir des aumônes en faveur de son vaste diocèse où tout était à créer. La pensée lui vint d'établir à Lyon une association en vue d'obtenir par elle des ressources régulières pour les immenses besoins de son diocèse. Des démarches et des efforts généreux eurent lieu, mais le projet n'aboutit pas.

D'autre part, en 1820, une jeune fille de Lyon, d'une grande piété, adonnée à toutes les bonnes œuvres, Mlle Jaricot, reçut de son frère, alors étudiant au séminaire de Saint-Sulpice, à Paris, une lettre remplie de la plus douloureuse émotion, dans laquelle il faisait connaître le dénuement où se trouvait le séminaire des Missions étrangères et les missions qu'il devait soutenir. Il proposait à sa sœur d'organiser à Lyon une association de personnes charitables dans le but d'assurer annuellement quelques ressources à ce séminaire. La jeune fille prit à cœur la requête de son frère; elle organisa l'œuvre parmi les ouvrières de Lyon et leur demanda une cotisation d'un sou par semaine. Elle recruta ainsi mille adhérentes. Dès la première année, elle envoya à Paris 2,000 francs qui furent affectés aux missions de l'Asie.

Sans s'en douter, Mlle Jaricot avait fourni la conception pratique qui allait servir de base à la grande œuvre de la Propagation de la Foi. En effet, deux ans après, Mgr Dubourg, persistant dans son dessein, envoya son vicaire général à Lyon pour y reprendre l'œuvre commencée en 1815. La présence de cet envoyé ranima le zèle de ceux qui s'étaient déjà intéressés aux besoins du diocèse de la Nouvelle-Orléans. Convoqués en assemblée, ils se réunirent, au nombre de douze laïques et d'un prêtre, le 3 mai 1822. Le prêtre ayant exposé la détresse générale des missions, ces généreux laïques tracèrent sur-le-champ, d'un commun accord, le plan d'une vaste association qui embrasserait tous les peuples et viendrait au secours de toutes les missions. S'inspirant de l'œuvre de Mlle Jaricot, ils adoptèrent la cotisation d'un sou par semaine. Ce jour-là, l'œuvre de la Propagation de la Foi était fondée.

Peu après, l'Archevêque de Lyon la bénissait, et elle produisait dans le diocèse, dès le premier mois, une recette de 520 fr. 10 c.

Les douze fondateurs devinrent les douze apôtres de l'œuvre. Dans le courant de la première année, ils visitèrent les principales villes du midi de la France et instituèrent en chacune d'elles un comité auquel ils transmirent le zèle qui les animait. L'un de ces vaillants se rendit à Paris, où il établit un autre conseil central. Moins d'un an après la fondation, le 15 mars 1823, un délégué du comité de Lyon obtenait l'approbation de l'œuvre par Pie VII et la concession des indulgences à perpétuité qui enrichissent cette œuvre. Aussitôt, les évêques de France ayant fait écho aux encouragements du Pape, l'œuvre de la Propagation de la Foi se trouva établie dans les divers diocèses de France dès la seconde année de son existence.

Il est à croire que la paroisse de la Dalbade, toujours généreuse, ne fut pas en retard pour adopter cette œuvre.

Notre pays est fier d'avoir donné le jour à une pareille œuvre. Depuis sa fondation, c'est principalement en France qu'elle a puisé les ressources qui l'ont alimentée, tout autant que les missionnaires qu'elle a soutenus. En 1887, les recettes totales s'élevaient, en chiffres ronds, à la somme de 6.460.000 francs ; la France en avait fourni plus que les deux tiers. Depuis lors, la contribution des catholiques français a été amoindrie par suite des charges chaque jour plus lourdes que la persécution fait peser sur eux. Néanmoins, la France a versé encore à cette œuvre, en 1906, la somme de 3.295.000 francs, soit plus que la moitié de la recette totale.

Quelle part la paroisse de la Dalbade peut-elle revendiquer dans cette magnifique aumône ? Il est fâcheux que les chiffres des sommes annuellement versées n'aient pas été conservés. Ce regret doit inspirer au Conseil la résolution de noter dans l'avenir jusqu'au moindre détail de l'œuvre. Tout peut être utile en un jour de congrès.

Dans ces dernières années, les sommes fournies par la paroisse ont varié entre 871 et 729 francs. La différence provient en général des largesses de quelques associés qui se plaisent à surélever notablement leur cotisation.

L'œuvre de la Propagation de la Foi compte dans la paroisse onze zélatrices et cent dix-sept associés. Le conseil des zélatrices s'assemble une fois l'an, sous la présidence de M. le Curé, quelques jours avant le versement des cotisations. Il semble que des réunions plus fréquentes stimuleraient le zèle des membres du Conseil pour augmenter le nombre des associés. N'y aurait-il pas lieu aussi d'augmenter les ressources par une quête faite à l'église en mai et en décembre?

En terminant ce rapport, nous rappelons aux associés que les conditions à remplir pour appartenir à cette œuvre sont au nombre de trois : 1º donner son nom à un chef de section ou du moins l'avertir qu'on veut être membre de l'œuvre; dire une fois chaque jour *Notre Père, Je vous salue, Marie*, et l'invocation *saint François Xavier, priez pour nous :* il suffit d'appliquer à cette intention une fois pour toutes le *Pater* et l'*Ave Maria* de la prière du matin ou du soir; 3º donner un sou par semaine, ou bien 2 fr. 60 c. en une seule fois, à un chef de section. Moyennant ces conditions, les associés peuvent gagner de nombreuses indulgences dont les annales de l'œuvre portent le catalogue. Invitation est faite à toutes les personnes présentes au congrès qui n'appartiendraient pas à l'œuvre de la Propagation de la Foi de vouloir bien s'y faire inscrire dès aujourd'hui.

X

ASSOCIATION

DES

MÈRES CHRÉTIENNES DE N.-D. LA DALBADE

RAPPORT

Présenté par Mme POIGNET

MEMBRE DU CONSEIL DE L'ASSOCIATION.

Le point essentiel de la vie, c'est la direction de notre volonté, car c'est par la volonté que l'homme est ce qu'il est, bon ou mauvais.

Cette volonté donne à nos actes leur valeur, leur caractère. Où elle n'existe pas, s'il n'y a pas de vices, il n'y a pas de vertus : l'homme agit selon les impulsions de sa nature.

Le vénéré M. de Laportalière avait bien reconnu cette nécessité d'imprimer une bonne direction à la volonté, lorsqu'en 1870 il fonda l'Association des Mères chrétiennes, voulant ainsi s'adresser au cœur des mères pour leur donner la voie à suivre, car de leur direction dépendent l'éducation des enfants, la moralité de la famille, la prospérité de la paroisse et de l'Etat.

L'appel du pasteur fut entendu, les mères de famille comprirent l'importance de l'œuvre. La nouvelle association compta deux cent cinquante membres. Une présidente fut élue. Le sort tomba sur Mme de Saune, femme de grande vertu. Douze conseillères furent nommées dans les divers quartiers de la paroisse. Elles avaient pour mission de s'intéresser à leurs associées, de les visiter et de les convoquer lorsqu'il était nécessaire.

Un chœur de chant fut organisé parmi elles, et en 1874, M. de Laportalière établit dans l'association une société de secours mutuels.

Quatre fêtes sont célébrées tous les ans par l'association : la Purification, l'Annonciation, la Visitation et la fête de sainte Anne, patronne principale de l'association.

Une messe est dite pour les défuntes chaque année; une messe est encore célébrée pour chaque associée après son décès.

En 1884, M. Julien fit affilier l'association à la congrégation romaine dite *Prima-Primaria*.

Mais le temps a marché et avec lui s'en sont allées un trop grand nombre de bonnes volontés.

En 1902, M. le curé fit un appel pressant aux mères de familles de la paroisse.

Beaucoup répondirent, mais peu demeurèrent

fidèles. Aussi le grain de sénevé, qui avait si vite germé, s'est en partie desséché; il ne reste plus de l'arbuste que quelques faibles branches.

Si, comme leurs devancières, les mères de famille comprenaient l'importance de cette association, la plante reprendrait vite sa splendeur passée.

Votre mission, mères de familles, est de coopérer au salut de votre mari et de vos enfants.

C'est d'avoir cette vigilance chrétienne qui est le regard de l'âme, qui ne se ferme pas.

Cherchez, pour eux et pour vous, la seule chose nécessaire. Dieu bénira votre sollicitude; l'assistance d'En-Haut ne vous manquera pas.

XI

LES CONFRÉRIES PAROISSIALES

RAPPORT

Présenté par M. le Comte H. de LASTIC SAINT-JAL.

———

Monsieur le Président,
Mesdames,
Messieurs,

Ce rapport a pour objet quatre confréries paroissiales : celles qui ont porté les vocables de Saint-Martin, de Sainte-Barbe, de Notre-Dame-du-Mont-Carmel et de Notre-Dame-du-Rosaire.

I. — Confrérie de Saint-Martin.

Elle groupait jadis tout le personnel du moulin du Château Narbonnais. La fondation du Château Narbonnais par Raymond IV, comte de Toulouse, date de 1182 ; la confrérie remonte à une époque moins lointaine quoique très ancienne. Saint Mar-

tin, demeuré si populaire en France, est le patron
des meuniers.

La confrérie, tant qu'elle exista, ne manqua jamais de célébrer solennellement sa fête patronale
du 11 novembre. Longtemps le saint sacrifice de
la messe se célébra dans l'enceinte même du moulin, dans une chapelle improvisée et décorée pour
la circonstance. Plus tard, ce fut le clergé paroissial
qui se transporta lui-même au moulin du Château,
avec le suisse et la croix en tête. Le cortège, composé de tout le personnel de l'établissement, depuis
le premier homme jusques au dernier, se dirigeait
vers la Dalbade, au chant des litanies ; quatre confrères se faisaient un honneur de porter la statue
de leur saint patron, revêtu d'une belle chape ;
tous assistaient à une messe solennelle avec distribution de pain bénit. La procession se fit jusque
vers 1888 ; mais après cette époque, question de
respect humain pour certains, d'idées nouvelles
pour d'autres, elle s'égrena petit à petit et finit par
ne plus avoir lieu. On continua cependant de venir assister, en assez grand nombre, à la messe du
11 novembre, à la Dalbade, jusqu'au jour où la
Société du Moulin du Château dut disparaître par
suite de l'acquisition de ses bâtiments et de sa
chaussée par la ville, il y a de cela quatre ou cinq
ans. Cette société ne fut jamais doublée d'une société de secours mutuels.

II. — Confrérie de Sainte-Barbe.

Bien ancienne est aussi dans la paroisse la confrérie érigée sous le vocable de Sainte-Barbe. Il exista jadis une chapelle en son honneur sur l'emplacement où se trouve aujourd'hui la maison qui porte le n° 15 de la rue de la Dalbade. Plus tard, on lui dédia, dans l'église paroissiale, la chapelle dite aujourd'hui Chapelle du Sacré-Cœur. La statue de la sainte se trouve maintenant installée dans la chapelle qui est immédiatement à gauche du maître-autel de la Dalbade.

Le 5 décembre de chaque année, se célébrait très solennellement la fête patronale de la confrérie. On se rendait en procession à la paroisse bannière en tête (cette bannière était bleue et blanche), on assistait à la grand'messe, aux vêpres ; il y avait exposition du Saint-Sacrement, bénédiction ; j'allais oublier de parler de pain bénit à la grand'-messe. Par indult du 30 mai 1840, le Souverain-Pontife Grégoire XVI voulut bien accorder plusieurs indulgences à la confrérie. Longtemps florissante au siècle dernier, ainsi que nous l'avons pu constater par les registres tenus de 1822 à 1890, la confrérie déclina après cette date, et il n'y eut plus de messe après 1898. Doublée d'une société de secours mutuels, elle comptait alors vingt-deux dames et vingt-huit hommes associés. La mutualité lui survécut quelque temps, mais elle préféra se dissoudre que de pactiser avec une société maçonnique qui lui faisait des offres de fusion. Le nom de la vierge martyre n'est pas cependant tout à fait éteint dans la paroisse; il a été recueilli par une confrérie d'un nouveau genre, confrérie scolaire et bien actuelle : j'ai nommé l'Ecole Sainte-Barbe, que l'église de la Dalbade est heureuse d'accueillir chaque dimanche sous ses voûtes.

III. — CONFRÉRIE DE N.-D.-DU-MONT-CARMEL.

L'Ordre des Carmes a possédé un couvent dans notre cité ; il occupait tout l'emplacement dit aujourd'hui « Place des Carmes » et était, par conséquent, contigu à la paroisse de la Dalbade. Les religieux y possédaient une très florissante confrérie du Scapulaire du Carmel. Après la confiscation de leur couvent et la dispersion des religieux, lors de la période révolutionnaire, l'archevêque de Toulouse transféra, le 25 mai 1805, dans l'église N.-D. la Dalbade, ladite confrérie; tous les privilèges et indulgences dont elle jouissait antérieurement lui furent rendus le 28 mai 1818 par le pape Pie VII, et, « ajoute M. l'abbé Julien, « la procession qui eut lieu cette année-là n'en

« fut que plus belle par la démonstration de piété
« qu'elle inspira ». Cette procession continua de
se dérouler, pendant une grande partie du siècle
dernier, le long de la place des Carmes, où elle s'arrêtait au pied d'un monument de la Vierge.

Reléguée maintenant dans l'église N.-D. la Dalbade, la confrérie de N.-D.-du-Mont-Carmel y
célèbre encore sa fête le 16 juillet, avec le sermon
traditionnel et l'octave. Pendant toute la durée de
celle-ci, un salut solennel a lieu chaque soir à l'autel de la Vierge du Carmel, avec chant du *Flos
Carmeli*. Pendant cette époque privilégiée a lieu la
réception du scapulaire du Carmel ; c'est le meilleur
moyen de rappeler à ceux qui en sont déjà revêtus
le port constant du saint habit.

La paroisse N.-D. la Dalbade peut être regardée
comme le point central du diocèse où viennent
s'inscrire les affiliations à la confrérie par suite des
réceptions au scapulaire du Mont-Carmel.

La confrérie de N.-D.-du-Mont-Carmel est doublée d'une société de secours mutuels.

IV. — Confrérie du Saint-Rosaire.

La confrérie de N.-D.-du-Rosaire, instituée de
longue date dans notre ville chez les Frères Prêcheurs, fut, après la dispersion de ces derniers,

établie dans l'église de la Dalbade. Elle y fut inaugurée le 29 septembre 1882 et érigée de nouveau en confrérie paroissiale le 29 décembre 1899.

Jusque à ces dernières années, la confrérie, en outre de sa fête annuelle du Rosaire, le premier dimanche d'octobre, se bornait à réciter le rosaire aux vêpres le premier dimanche de chaque mois; il y avait aussi allocution à la messe de sept heures le même dimanche. Depuis deux ans, cette confrérie s'est doublée de la réunion des hommes chrétiens de Toulouse, qui, toujours le premier dimanche du mois, à cinq heures et demie du soir, viennent réciter en commun le chapelet à la Dalbade. Des enfants de six à treize ans, revêtus du costume de l'ordre de Saint-Dominique, viennent donner une physionomie particulière à la cérémonie en y faisant l'office d'enfants de chœur. Ils sont recrutés, pour la plupart, parmi l'élite de l'école Saint-Stanislas et de l'école Sainte-Barbe, qui viennent ainsi fraterniser sous le patronage de la Vierge du Rosaire.

La confrérie du Saint-Rosaire compte plus de cinq cents membres inscrits sur le registre de N.-D. la Dalbade, dont deux cent dix-sept depuis 1894.

ÉPILOGUE

Vierge du Mont-Carmel ! Vierge du Rosaire !
vos noms, à jamais bénis, évoqueront sans cesse
au cœur des pieux paroissiens de la Dalbade la sublime physionomie de la médiatrice qui unit le ciel
et la terre. Ne devons-nous pas être fiers, nous,
paroissiens de N.-D. la Dalbade, enfants de la
Vierge blanche, *Virgo dealbata*, de posséder dans
notre église la reproduction fidèle de la grotte bé-
nie de Lourdes? Il était juste et bon que la Vierge
de Lourdes, en plein cinquantenaire de ses appa-
ritions, présidât à notre Congrès.

Ces deux confréries, dépôts précieux, venus
directement du Ciel par les mains de la Mère de
Dieu, nous les avons recueillies des religieux eux-
mêmes qui les avaient établies, lorsque ceux-ci quittèrent leurs monastères. « Gardez-les précieusement, semblent-ils nous crier du lointain de leur
exil, et, suivant la belle expression des vieux guer-
riers, faites-en les inséparables compagnons de vos
destinées. » Leur appel ne doit pas rester sans
écho ; aussi nous permettons-nous d'exprimer, à
l'occasion de ce congrès, le vœu que le culte de la
Vierge-Immaculée demeure à jamais la glorieuse
tradition de la paroisse de la Dalbade !

XII

CONFRÉRIE DU SAINT-SACREMENT

RAPPORT

Présenté par Mlle Antoinette BACONNIER

secrétaire de la confrérie.

Au commencement du quinzième siècle, quand l'enfer, par la bouche de Calvin et de ses sectateurs, répandait mille blasphèmes contre la vérité et la réalité de la Très Sainte Eucharistie, Dieu inspira à plusieurs fidèles de Rome un ardent désir d'augmenter la piété et le culte extérieur de ce divin sacrement. Les religieux de l'ordre des Frères-Prêcheurs du couvent de N.-D. de la Minerve s'employèrent les premiers à cette fin, exhortant les catholiques à honorer cet adorable sacrement, à l'entourer de respect dans les églises et quand il était porté aux malades ou en procession. Dieu bénit tellement leur zèle que les plus qualifiés de Rome offrirent à cet effet le concours de leurs biens et de leurs personnes. Leur ferveur croissant

de jour en jour, on les groupa en une confrérie
nouvelle, qui porta le nom de confrérie du Très-
Saint-Sacrement de l'autel. On érigea cette confrérie dans l'église du couvent de la Minerve. Le
souverain pontife Paul III, le 30 novembre 1539,
l'approuva, l'enrichit d'indulgences et de privilèges.
Cette approbation du saint-siège fut signifiée par
les supérieurs des Frères Prêcheurs à toutes les
provinces de l'ordre pour en ériger une pareille en
toutes leurs églises où la dévotion du peuple se
trouverait disposée à la recevoir. Les habitants de
Toulouse furent des premiers et des plus fervents
à la demander. Elle leur fut accordée, et on l'érigea dans l'église des Frères Prêcheurs de cette ville.
Le pape Paul V, en 1606, désirant multiplier cette
sainte dévotion, permit que de pareilles confréries
fussent érigées par les archevêques et évêques, dans
les paroisses de leurs diocèses, avec les mêmes indulgences qui avaient été accordées à l'Archiconfrérie de N.-D. de la Minerve.

A quelle époque fut-elle établie dans la paroisse ?

Voici ce que nous lisons dans l'*Histoire de N.-D.
la Dalbade*, par M. le chanoine Julien : « La
Table du Saint-Sacrement qui existe aujourd'hui
sous le titre de confrérie de réparation des outrages faits à la sainte Eucharistie, n'était pas encore
établie en 1618. Dans la visite de l'église qu'il fit
cette année-là, le vicaire général de Rudelle or-

donna qu'elle serait érigée dans le délai de deux mois et suivant les statuts dressés pour l'usage du diocèse. »

Comment la confrérie s'est-elle développée et maintenue jusqu'à la Révolution ? On ne saurait le dire.

En 1802, après que la paix eut été rendue à l'Église, M. Roure, prêtre de l'Oratoire, curé de N.-D. la Dalbade, rassembla ses ouailles. Après avoir réparé les ruines du temple, il porta son zèle à la reconstitution des œuvres de la paroisse. Le 15 mai 1803, la confrérie du Saint-Sacrement fut rétablie.

Tout porte à croire que la confrérie tombait quelque peu en langueur lorsque, en 1857, un membre du clergé paroissial, M. l'abbé Izard, se préoccupait des moyens à prendre pour communiquer aux âmes l'amour dont il était embrasé pour le Saint-Sacrement.

Le 25 mars 1858, jour où se célébrait la fête de la Réparation des outrages, Notre-Seigneur suscita un grand mouvement de zèle en faveur de l'œuvre du Saint-Sacrement : le clergé de la paroisse, en surplis, vint faire son adoration ; quelques âmes, humiliées de voir le prie-Dieu de la confrérie sans adoratrice, se transportèrent à domicile pour enrôler sous la bannière du Saint-Sacrement l'élite de la paroisse. La bénédiction de

Dieu féconda leurs démarches, car le jeudi-saint, 1er avril, cent dix personnes étaient inscrites pour rendre des hommages empressés au Saint-Sacrement.

M. l'abbé de Laportalière, nommé curé de N.-D. la Dalbade en 1867, s'occupa activement de la confrérie : il écrivait lui-même aux personnes qu'il croyait être susceptibles d'en faire partie, afin d'obtenir leur adhésion. Le 9 mai 1881, il établit l'usage d'offrir, pour les défuntes de la société, la prière qui est faite à la fin des réunions. Il fut décidé qu'on tiendrait une assemblée générale trois fois par an, comme le porte encore le règlement actuellement en vigueur.

La fête de la Réparation des outrages avait été unie, en 1881, à l'Adoration perpétuelle, afin de concentrer toute la dévotion au Saint-Sacrement dans ce jour-là. Les associées, à l'unanimité, exprimèrent le désir qu'elle fût rétablie à un jour distinct, et depuis avril 1882, elle n'a pas cessé d'être célébrée à part, tous les ans.

La fête de la Réparation des outrages fut instituée après la Révolution, à cause des sacrilèges commis à cette époque : la sainte hostie était enlevée des tabernacles et les autels étaient devenus le trône de la Raison. Ces crimes furent commis dans certaines églises de notre ville ; il est probable que celle de la Dalbade ne fut pas épargnée, puisque cette fête y est célébrée avec une grande pompe.

Après M. de Laportalière et jusqu'à nos jours, la confrérie s'est maintenue dans la ferveur.

En 1901, le règlement a été débarrassé de tout ce qui ne pouvait plus être mis en pratique par suite des circonstances. Parmi les modifications apportées, l'une des plus avantageuses pour les associées est celle qui prescrit de faire célébrer une messe pour le repos de l'âme de chaque associée décédée le plus prochainement possible après les funérailles. De plus, chaque année, vers la fin de novembre, une messe de *Requiem* est célébrée pour tous les membres défunts.

La confrérie compte aujourd'hui deux cent cinquante-cinq membres. Les réunions se tiennent régulièrement; les associées sont fidèles à l'adoration, ainsi qu'à l'assistance aux offices et aux processions du Saint-Sacrement.

Nous ne saurions terminer ce rapport sans évoquer le souvenir de quelques âmes d'élite dont la vie paraissait être un acte perpétuel d'adoration et de réparation envers l'adorable mystère de nos autels. Puissent les sacrifices qu'elles ont offerts en l'honneur de la sainte Eucharistie, fécondés par la grâce, être pour l'avenir la semence de ferventes adorations du Très Saint-Sacrement dans la paroisse !

Conditions à remplir : Se faire inscrire, visiter

le Saint-Sacrement, assister aux diverses bénédictions du matin et du soir, principalement le jeudi ; dire au moins tous les jours : « Loué, aimé et adoré soit à jamais le Très Saint-Sacrement de l'autel. »

Indulgence plénière le jour de la réception ; — pour l'assistance à la procession du troisième dimanche de chaque mois ; — de l'octave de la Fête-Dieu et du Jeudi-Saint ; — à l'article de la mort.

XIII

UNION PAROISSIALE DES HOMMES

Et Confrérie du Saint-Sacrement de la Dalbade

De nos jours, la constitution d'une union paroissiale d'hommes, en vue de renouveler la vie chrétienne dans les âmes, s'impose généralement. Par
la négligence, l'abstention, le respect humain et
le mauvais exemple des hommes, le mal a été fait;
par le zèle, les manifestations, le courage et le bon
exemple des hommes, le mal sera réparé.

Pour la formation d'une union paroissiale, deux
systèmes ou deux manières de procéder sont en
présence. La première manière consiste à n'exiger
des hommes, qui feront partie de cette union, aucune pratique chrétienne, ni l'accomplissement du
devoir pascal, ni l'audition de la messe le dimanche, ni surtout l'assistance aux vêpres, et dans ces
conditions grouper tous les hommes qui consenti-
ront à s'inscrire sur la liste de l'union.

La seconde manière entend ne recruter que des

hommes fermement chrétiens et zélés, qui devront montrer ce qu'ils sont en présence de toute la paroisse, au moins en certaines circonstances déterminées.

Assurément, les partisans des deux manières veulent aboutir au même résultat : la gloire de Dieu et le bien de la paroisse par le salut des âmes. La seule différence, qui existe entre eux, regarde la manière dont ils apprécient les moyens à prendre.

De ces deux systèmes, quel sera effectivement le meilleur ? Evidemment, le meilleur sera celui qui procurera plus sûrement, plus rapidement et plus complètement le résultat souhaité. C'est l'expérience qui montrera ceux qui auront mieux jugé, et tant que l'expérience ne sera pas faite, nous préférons, du moins en ce rapport, suspendre toute discussion théorique concernant la valeur relative des deux façons de procéder, nous souvenant que les systèmes valent surtout par les hommes qui les appliquent.

Dans la constitution de l'union paroissiale de la Dalbade, le second système a été adopté. On a versé cette union paroissiale d'hommes dans une confrérie du Saint-Sacrement, dont les règlements, qui sont encore à faire, tiendront compte des nécessités contemporaines et auront pour but la restauration, activement poursuivie, de toutes choses dans le Christ, ce qui est actuellement la devise de Pie X et de l'Église.

Le premier groupement des hommes, destinés à former cette confrérie du Saint-Sacrement, date de la fin du mois de janvier dernier ; c'est donc tout récent. Dès que le projet a été annoneé, soixante hommes ou jeunes gens se sont présentés. Auparavant, on les avait prévenus de la nécessité pour eux, en entrant dans cette confrérie, d'affirmer hautement leur foi et de donner le bon exemple. On leur a imposé l'obligation : 1° de porter leur livre à l'église pour suivre les offices ; 2° d'assister autant que possible aux vêpres du troisième dimanche du mois, où une allocution spéciale leur sera adressée, et de suivre le Saint-Sacrement durant la procession qui a lieu ce jour-là en portant un flambeau à la main.

Dès le troisième dimanche de février, cinquante hommes ou jeunes gens ont donné fièrement cet exemple : les jeunes gens marchaient en tête, derrière la bannière de leur patronage.

Lorsque leur organisation sera achevée, ces confrères du Saint-Sacrement seront répartis en divers comités : un comité dans chaque rue, autant que possible. Ils aideront l'action du clergé, ils la précéderont et la suivront. Ils commenceront et achèveront le travail d'apostolat à domicile, dans lequel le prêtre devra désormais s'engager, et ainsi par eux deviendra plus facile la tâche de reconquérir la paroisse, rue par rue et maison par maison, en commençant la conquête par les hommes : ce qui semble devoir être, qu'on le veuille ou non, la méthode d'apostolat que l'avenir imposera.

Une union paroissiale qui ne tournerait pas ses efforts vers l'apostolat et qui ne s'y emploierait pas avec zèle, à quoi vraiment servirait-elle ? Mériterait-elle même son nom ? Serait-elle un principe, une cause d'union paroissiale ?

Une union paroissiale doit donc aider le ministère du prêtre et exercer l'apostolat. Il est nécessaire que ceux qui la composent aient au cœur le désir et le zèle du bien.

Mais s'il faut qu'ils soient apôtres et qu'ils aient du zèle, ils ne seront forcément qu'une élite, et voilà l'un des motifs qui ont fait préférer le second système d'union paroissiale.

Ainsi, d'ailleurs, l'a entendu Notre-Seigneur, qui ne choisit que douze apôtres; ainsi l'ont entendu les fondateurs d'ordres religieux, qui ont toujours préféré la qualité à la quantité.

C'est donc en vue d'avoir une élite et non une masse disparate que l'union paroissiale de la Dalbade a été constituée sous la forme d'une confrérie du Saint-Sacrement, avec les obligations qui ont été dites.

Ces obligations, à la vérité, existent à peu près

partout dans le Nord de la France et dans tous les pays où la vie chrétienne est un peu intense. En elles-mêmes, elles sont bien peu de chose : elles suffiront néanmoins pour pousser ceux qui les observeront à fouler au pied tout respect humain, pour leur mettre au cœur un peu de courage chrétien et pour donner un bel exemple de foi et de piété. C'est, en effet, touchant de voir un groupe important d'hommes et de jeunes gens marcher fièrement, simplement et pieusement à la suite du Saint-Sacrement. Partout où il s'établira, cet exemple répandra dans l'âme de ceux qui en seront les témoins une bonne semence de foi et de courage, et bientôt le blé lèvera.

XIV

LA FRATERNITÉ PAROISSIALE

DU TIERS-ORDRE DE SAINT-FRANÇOIS

RAPPORT

Présenté par Mlle Clotilde LASPALES-MONDON

SECRÉTAIRE DE LA FRATERNITÉ.

La Fraternité du Tiers-Ordre de Saint-François a été érigée dans l'église N.-D. la Dalbade le 19 février 1904.

Dès le premier appel, ce fut un élan vraiment consolant, car non seulement les Tertiaires déjà reçues se firent inscrire avec empressement, mais un véritable essaim de nouvelles recrues regardèrent comme un honneur d'entrer dans le Tiers-Ordre de la pénitence, obéissant ainsi au désir que Léon XIII exprimait dans sa lettre encyclique du 17 septembre 1882 :

« Nous avons depuis longtemps fort à cœur que chacun, autant qu'il le pourra, se propose l'imitation de François d'Assise. Et parce que Nous avons toujours porté auparavant un intérêt particulier au Tiers-Ordre des Franciscains, aujourd'hui que Nous avons été appelé par la miséricordieuse bonté de Dieu au souverain pontificat, comme une occasion s'offre de le faire à propos, Nous exhortons vivement les chrétiens à ne pas refuser de se faire inscrire dans cette sainte milice de Jésus-Christ. On compte de tous côtés un grand nombre de personnes qui marchent généreusement sur les traces du Père Séraphique. Nous louons et Nous approuvons vivement leur zèle, mais en voulant que leur nombre augmente et se multiplie. »

A l'autorité de sa parole, le souverain pontife joint l'exemple. Comme son illustre prédécesseur l'immortel Pie IX, Léon XIII se faisait gloire d'appartenir au Tiers-Ordre séraphique.

Et, en effet, c'est une gloire et un honneur de pouvoir se dire membre de cette grande famille franciscaine, d'être en compagnie de grands saints et d'hommes illustres, où le pauvre est à côté du riche : saint Benoît-Joseph Labre, à côté de saint Louis, roi de France, et de sainte Elisabeth, reine de Hongrie ; le saint curé d'Ars, à côté de Charles-Quint, de Christophe Colomb et de Mgr de Ségur.

Dès le début, la Fraternité de la Dalbade comptait soixante membres, dont vingt-cinq novices.

On forma un conseil appelé Discrétoire, composé

d'une supérieure, une maîtresse de novices, une secrétaire, une trésorière et deux zélatrices, chargées de la visite des malades et de la distribution des convocations. Le conseil a à sa tête M. le Curé, qui est le directeur de la Fraternité; saint Joseph en est le patron.

Tous les ans, une retraite est prêchée par un religieux du premier ordre. Cette retraite et la visite qui l'accompagne sont de précieux moyens pour maintenir et renouveler l'esprit séraphique dans la Fraternité.

Les réunions générales, ainsi que celles du discrétoire et des novices, ont lieu régulièrement tous les mois, à jours fixes.

Depuis sa fondation, la Fraternité a grandi; elle compte actuellement quatre-vingt-dix membres, il faudrait dire cent dix si on devait ajouter à ce nombre les décédés et aussi ceux qui ont quitté la paroisse. Il y a de la vitalité dans la Fraternité; elle le doit sans doute à sa jeunesse, elle n'a que quatre ans. Mais ce n'est pas tout de vivre d'une vie intense, il faut se développer. Pourquoi la Fraternité n'est-elle pas plus nombreuse? Parce que l'on connaît peu le Tiers-Ordre, l'esprit qui l'anime et les avantages qu'il procure.

Mgr de Ségur a dit : « De nos jours, plus que jamais, le Tiers-Ordre de Saint-François doit être salué avec amour par les vrais enfants de Dieu.

Notre société moderne ne veut plus de pénitence, elle perd, de plus en plus, l'esprit chrétien, l'esprit catholique ; or, le Tiers-Ordre est l'antidote direct des fléaux qui nous ravagent, il nous prêche une vie chrétienne et pénitente, en un mot l'esprit de l'Évangile. »

Ce que Mgr de Ségur disait il y a quelques années, n'avons-nous pas de graves raisons de le répéter aujourd'hui ?

Le but auquel le Tiers-Ordre veut atteindre est la restauration de cet esprit chrétien, qui de nos jours est si grandement affaibli. Le Tiers-Ordre sanctifie les individus, les familles, les paroisses ; ceux qui en font partie ont le bonheur, tout en restant dans le monde, d'être vraiment religieux et d'avoir des moyens particulièrement efficaces pour avancer dans la vertu, en même temps qu'ils jouissent d'indulgences nombreuses.

Dieu veuille que ce court rapport contribue à éveiller dans l'esprit de ceux qui l'entendent le désir d'augmenter le nombre, déjà bien consolant, des tertiaires de la Dalbade ; qu'ils ne forment qu'une seule et grande famille, poursuivant le même but, c'est-à-dire la gloire de Dieu et le salut des âmes, par la restauration de l'esprit chrétien en eux et dans les autres !

XV

APOSTOLAT DE LA PRIÈRE

RAPPORT

Présenté par Mlle Marie DÉSARNAUTS,

PRÉSIDENTE DE L'ASSOCIATION.

L'Apostolat de la prière est une ligue de zèle et de prières en union avec le Cœur de Jésus. Elle se nomme *Apostolat*, parce qu'elle veut faire de tous les chrétiens de vrais apôtres, dévoués à la gloire de Dieu et au salut des âmes. C'est l'*Apostolat de la prière*, car la prière est le moyen, non pas unique, mais principal, qu'elle emploie. C'est l'*Apostolat de la prière en union avec le Cœur de Jésus*, puisque la prière de Jésus est le modèle et le stimulant de la nôtre, la source de son efficacité.

Cette œuvre a été honorée de plusieurs brefs, décrets ou rescrits du saint-siège et approuvée par les évêques du monde entier.

Elle offre à ses trente millions d'adhérents de précieux avantages spirituels : I. Nombreuses indulgences plénières propres à l'œuvre, et un grand nombre d'indulgences partielles; — II. Titre particulier aux promesses faites par Notre-Seigneur à la bienheureuse Marguerite-Marie, en faveur de ceux qui travaillent à glorifier son divin cœur; — III. Participation spéciale aux prières, pénitences, messes, communions, de presque tous les Instituts religieux, de plus de soixante mille paroisses, communautés et œuvres catholiques.

Trois pratiques forment dans l'Apostolat trois degrés, à chacun desquels correspond une série spéciale d'indulgences.

Le premier degré comprend tous les fidèles inscrits dans un centre quelconque de l'Apostolat qui, chaque matin, offrent à Dieu leur journée, aux intentions du Cœur de Jésus. Aucune formule n'est obligatoire.

Le deuxième degré comprend ceux qui ont accepté, en outre, d'offrir chaque jour à la Très Sainte Vierge un *Pater* et dix *Ave Maria* aux intentions de l'Apostolat.

Le troisième, enfin, est celui des associés qui acceptent de faire la communion réparatrice, hebdomadaire ou mensuelle, réclamée par Notre-Seigneur Jésus-Christ lui-même à la bienheureuse Marguerite-Marie.

Une œuvre uniquement composée de simples associés manquerait d'organisation et, par suite, de vitalité. C'est aux zélatrices qu'est confiée la mission d'entretenir et d'étendre celle de l'Apostolat. Dans chaque centre, leur réunion constitue le *conseil*, qui nomme le *bureau du conseil* : présidente, vice-présidente, assistante, secrétaire et trésorière.

Guidés par le directeur paroissial, les membres du bureau doivent avoir à cœur de maintenir en activité les zélatrices, d'en augmenter le nombre, de prendre tous les moyens de réaliser le progrès de l'œuvre.

Les zélatrices, qui peuvent s'adjoindre une sous-zélatrice, doivent recruter de nouvelles associées, visiter celles qui leur sont confiées, les convoquer aux réunions et essayer, par quelques paroles de zèle et de charité, dites à propos, de les amener à la pratique de la communion réparatrice. Les personnes qui ne verraient dans la distribution du billet-image, détaché tous les mois du *Messager du Saint-Cœur de Marie*, qu'une formalité sans importance, comprendront par ce qui précède combien la question s'élargit et s'élève. C'est le Sacré-Cœur qu'il s'agit de faire aimer et glorifier, et le petit billet bleu est comme la carte d'entrée qui donne aux zélatrices accès auprès de leurs associées, pour s'efforcer de remplir cette grande mission.

Tel est le côté spirituel du rôle des zélatrices. Il en

est un autre, inférieur assurément, mais nécessaire au bon fonctionnement de l'œuvre. Nous voulons parler de l'ordre matériel. Les zélatrices l'assureront en tenant leurs listes très au courant, en les remettant annuellement à la secrétaire, avec les modifications que les départs, la mort, les déplacements, les nouvelles inscriptions peuvent y apporter. Elles ne doivent pas négliger, non plus, de demander à leurs associées une légère cotisation, qui couvre les frais du bulletin, et ceux des dépenses de l'œuvre.

A la Dalbade, l'Apostolat compte quarante-sept zélatrices et environ huit cents associées, qui ont, par an, trois réunions destinées à les entretenir des intérêts de l'œuvre et à ranimer leur zèle.

La direction générale de l'Apostolat de la prière appartient aux Révérends Pères de la Compagnie de Jésus.

Au mois de mai 1895, ils déléguèrent Mme Marchal auprès de M. l'abbé Julien, curé de la Dalbade, afin de lui proposer la direction paroissiale de cette œuvre. Le clergé de la Dalbade, après avoir prié et s'être consulté, décida qu'il y avait lieu d'accueillir un projet qui tendait à réveiller parmi les fidèles la dévotion au Sacré-Cœur et à placer entre les mains du clergé paroissial un nouveau et puissant moyen d'action.

Le culte du Sacré-Cœur n'est, du reste, pas de

date récente dans notre paroisse. Une confrérie du Sacré-Cœur-de-Jésus y fut érigée par un de ses curés, de vénérée mémoire, M. l'abbé Ostric, en vertu de l'autorisation verbale accordée par Sa Sainteté Pie VII, le 2 février 1814.

L'œuvre de l'Apostolat de la prière a réalisé les espérances fondées sur elle. Missions, chemins de croix solennels, exercices des Quarante-Heures et du mois de Marie, processions de l'octave du Saint-Sacrement, consécration du genre humain au divin Cœur de Jésus, en un mot toutes les manifestations de la vie paroissiale n'ont jamais en vain fait appel au zèle de ses membres.

Mais l'œuvre a des exercices qui lui sont propres et qu'il est bon de mentionner.

Citons d'abord la messe du premier vendredi du mois, établie en 1895, et offerte pour les associés. Elle est précédée de l'exposition du Très Saint-Sacrement et suivie d'une courte instruction, puis de la bénédiction. Les chants sont toujours parfaitement exécutés par l'ouvroir des Sœurs de la Croix.

Dans la journée, zélatrices et associées se succèdent, de demi-heure en demi-heure, pour l'adoration privée du Sacré-Cœur. Vingt-neuf personnes ont des heures déterminées. Disons en passant que cette pratique, très en honneur dans les premiers temps, est maintenant un peu délaissée. Il est à souhaiter qu'elle soit reprise.

A la fin de la journée, de nouveau, exposition du Saint-Sacrement, amende honorable et salut.

L'exercice principal de l'Apostolat de la prière, c'est la messe du troisième dimanche du mois, qui date de janvier 1898. On peut dire sans exagération qu'elle revêt chaque fois le caractère d'une véritable solennité. Le directeur de l'œuvre y prêche à l'évangile; les fidèles, en bien plus grand nombre encore que le premier vendredi, y font la communion réparatrice, avant et après laquelle ils récitent les actes à haute voix. Le chœur des chanteuses ajoute à l'éclat et à la piété de la cérémonie, qui se termine par le salut du Saint-Sacrement.

Le soir, à la procession qui suit les vêpres, les associés de l'Apostolat, un cierge à la main, forment une garde d'honneur à Notre-Seigneur Jésus-Christ, présent et vivant dans l'eucharistie, et reçoivent la bénédiction devant l'autel.

Depuis 1902, sur l'initiative des membres de l'Apostolat de la prière, le mois du Sacré-Cœur a été solennellement célébré à la Dalbade. Dans le courant du mois de juin, la paroisse tout entière et les enfants, dans une cérémonie spéciale, sont consacrés an divin Cœur; une neuvaine de messes est offerte pour les associées défuntes.

En dehors du premier vendredi et du troisième dimanche, la communion réparatrice de tous les jours du mois est instituée dans la paroisse. 115 personnes ont adopté, à date fixe, cette pratique chère entre toutes au Cœur de Jésus.

Puisque l'ouvrière de la première heure a été appelée par le divin Maître à recevoir sa récompense, qu'il nous soit permis de rappeler ici son souvenir.

Mme Marchal a mis sans compter à l'établissement et au service de l'Apostolat une haute intelligence, une ferme volonté, un zèle ardent, toujours discret et néanmoins communicatif; par dessus tout, un cœur vraiment embrasé de zèle et d'amour pour le Cœur de Jésus. C'est par la prière que les associées de l'œuvre acquitteront, envers leur regrettée présidente, la dette de reconnaissance de la paroisse.

L'œuvre, à la Dalbade, ne demande peut-être pas de grandes réformes, mais est certainement susceptible de perfectionnement. L'amélioration personnelle de ses membres produira ce résultat. Que chacun s'efforce donc de connaître plus intimement, d'aimer plus ardemment, d'imiter plus fidèlement le divin Modèle. Et, pour obtenir cette grâce, répétons souvent ce cri d'amour, qui ne peut manquer d'arriver jusqu'à Lui : « Cœur sacré de Jésus, j'ai confiance en vous ! »

XVI

LES ANCIENNES MARGUILLIÈRES

DE NOTRE-DAME LA DALBADE

RAPPORT

Présenté par Mlle Marie PASSARRIEU

MARGUILLIÈRE DU MAÎTRE-AUTEL.

Il est une fonction qui a toujours été en grand honneur dans notre chère paroisse, c'est celle de marguillière.

Ce nom éveille le souvenir d'une phalange de personnes dont la piété solide et la vertu aimable n'étaient égalées que par leur dévouement au service des autels. Combien elles étaient heureuses, et à bon droit, de remplir cet office, pour lequel il ne serait pas trop d'avoir la pureté des anges! Avec quelle joie elles employaient leur temps, leurs forces et leurs ressources à entretenir et à orner les autels qui leur étaient confiés.

Pendant de nombreuses années, les marguillières du maître-autel étaient chargées de l'entretien du linge de l'autel et de la sacristie. Avec quel soin pieux, Rosalie Magenties, Honorine Magnes, Fanny Wiser, Hélène Buissas, se partageaient ce labeur. Plus tard, ce travail devenant plus considérable, elles n'en eurent que la surveillance. A l'époque où il était permis à Notre-Seigneur de sortir dans nos rues, elles préparaient, pour les processions, les costumes des fleuristes, des thuriféraires et des porteurs. Elles avaient aussi le bonheur de nettoyer, tous les ans, les vases sacrés, le jour du jeudi-saint. Quelle joie c'était pour elles, après avoir orné le monument où Notre-Seigneur recevait les hommages des fidèles, de préparer les ciboires où Il devait reposer et les calices où Il devait s'immoler pour nous !

Pendant que la paroisse avait à sa tête M. le curé Vignals, de douce mémoire, et, probablement aussi avant lui, le maître-autel de l'église conservait toujours un aspect sévère : jamais il n'était paré de fleurs ; son tabernacle n'avait point de conopé, et le luminaire, pour les saluts du Très Saint-Sacrement, même aux grandes solennités, était très simple. Son successeur, le vénéré M. de Laportalière, décida, dès son arrivée, qu'il en serait autrement. Les dépenses devant être beaucoup plus fortes, la Fabrique se chargea d'y pourvoir. Les marguillières d'alors, l'ardente Hélène Buissas et sa chère compagne, donnèrent un libre essor à leur zèle, et prodiguèrent au maître-autel fleurs et lumières, ce qui rehaussa singulièrement l'éclat des cérémonies.

La compagne d'Hélène Buissas, appelée depuis longtemps à la vie religieuse, et dont la vocation avait mûri près du tabernacle, la quitta en 1868, pour aller servir Dieu et les pauvres, dans la congrégation des Filles de la Charité, où, malgré la persécution, elle a la joie de se dévouer encore. Une des jeunes filles qui la remplacèrent répondit, quelques années plus tard, à l'appel du Cœur de Jésus, et alla le servir dans un monastère de la Visitation, où elle pense toujours avec bonheur au maître-autel de la Dalbade.

Le souvenir des anciennes marguillières du maître-autel rappelle, naturellement, celui des pieuses et saintes filles qui se sont dévouées à l'entretien de la propreté du sanctuaire. La plupart d'entre elles étaient en condition. Combien elles étaient heureuses, après avoir rempli leurs devoirs d'état, de venir se dépenser dans la maison du meilleur des maîtres! L'une d'elles, la bonne Victorine Esparbès, mérite une mention spéciale. Aussi matinale que le carillonneur, il lui arrivait parfois de le devancer et de l'attendre devant la porte de l'église. Avant de faire son chemin de croix qui précédait ordinairement l'audition de la messe, elle passait son plumeau sur les stalles et veillait à ce que tout fût en bon ordre dans le sanctuaire. Le soir, elle y repassait encore, surtout le samedi. A l'approche des grandes fêtes, non seulement elle faisait reluire les stalles, mais elle nettoyait et polissait les dalles du sanctuaire. Pour s'animer à l'ouvrage, elle priait avec ferveur et offrait à Dieu ses sueurs et ses fatigues pour les âmes du purgatoire. Quel sacrifice ce fut pour elle quand, définitivement arrêtée par la maladie, elle ne vint plus dans son cher sanctuaire! Nul doute qu'à sa mort, survenue au mois de mai 1899, le divin Maître, qu'elle avait si bien servi, ne l'ait reçue dans les tabernacles éternels.

Les chapelles qui, certes, sont nombreuses dans notre chère église, ont été aussi toujours confiées à des personnes recommandables, qui acceptaient cet honneur avec reconnaissance et se dévouaient sans compter à l'entretien et à la décoration des autels. La liste de ces bonnes marguillières serait trop longue. Et puis, combien dont Dieu seul a connu le mérite! Humbles et modestes, elles ne faisaient aucun bruit; mais le parfum de leurs vertus attirait les cœurs et les portait à aimer davantage Notre-Seigneur. Telles étaient Brigitte Durand, marguillière dévouée de la chapelle Sainte-Barbe; Emilie Pochon de la Houssaie et Olympe Rumèbe, toutes deux très attachées à la chapelle Saint-Vincent; Madeleine Chabrol et Adeline Glé, dévouées marguillières de la chapelle de l'Agonie, Plusieurs, pour des raisons de famille, d'âge ou de santé, ont dû, à leur grand regret, renoncer à leurs fonctions. Il en est qui ont fait ce sacrifice après cinquante ans d'exercice. Nous ne les nommons pas, craignant de blesser leur modestie, car elles vivent encore.

Après ce rapide souvenir accordé à quelques marguillières, qui certes n'étaient pas les moins méritantes, nous devons évoquer celui de personnes qui, par leur situation, étaient plus en vue dans la paroisse, où elles se dévouaient à d'autres œuvres, et qui ont rempli leurs fonctions de marguillières avec un zèle et une ardeur au-dessus de tout éloge. Citons, pour la chapelle de la Sainte-Enfance, Caroline Chaubard, qui l'ornait si brillamment. Quand la chapelle Sainte-Barbe fut placée sous le vocable du Sacré-Cœur, Mme Vinsonneau fut tout heureuse de l'embellir. Parmi les marguillières si dévouées de la chapelle Saint-Joseph, le souvenir d'Euphrasie Magnes est resté bien vivant parmi nous : son zèle la portait non seulement à parer magnifiquement son autel, mais elle aimait à travailler encore pour orner d'autres églises de son saint de prédilection. Les chapelles du Crucifix et de Saint-Jean-Baptiste rappellent la douce mémoire d'Onésime Guibret et de Rose Dupau, deux âmes d'élite, qui étaient unies par des liens si étroits qu'elles n'ont pu vivre séparées l'une de l'autre et sont parties pour le ciel le même jour, à quelques heures d'intervalle. La chapelle de l'Ascension, placée depuis plus de quarante ans sous le vocable de Sainte-Germaine, a été longtemps entretenue et ornée par Hélène Buissas et Fanny Wiser, marguillières du maître-autel. La sœur de cette dernière, Clarisse Wiser, succéda à la bonne Marie Vignères, à la chapelle du Carmel. Elle avait pour compagnes Pauline Barthe et Léontine Bressolles. C'est avec une pieuse émotion que nous nommons Léontine Bressolles, sœur d'un fabricien distingué. D'une nature ardente, son zèle embrassait les diverses œuvres de la paroisse. Elle aimait, d'un amour de prédilection, sa chapelle du Carmel. Avec quel soin jaloux elle l'entretenait et l'ornait ! Quelle joie pour elle quand le Très Saint-Sacrement y résidait ! C'était un bonheur qu'elle ne dissimulait pas. Sa vue, tandis qu'elle remplissait ses fonctions de marguillière, portait au respect du lieu saint et à l'amour de Notre-Seigneur. Sa vertu solide et aimable lui attirait tous les cœurs. Aussi, lorsque, en 1876, après l'octave de la fête de Notre-Dame-du-Mont-Carmel, le bon Dieu la rappela à Lui, sa mort fut-elle comme un deuil paroissial et ses funérailles un véritable triomphe.

Nous ne saurions terminer ce modeste rapport sans accorder un souvenir reconnaissant à un zélé

paroissien de la Dalbade, qui exerçait sur son territoire la profession de carrossier. Henri Azéma
(c'était son nom) aimait passionnément son église
et était toujours en sollicitude pour lui procurer
de nouvelles ornementations. Il était doué d'un
très bon goût, et sa ténacité pour obtenir ce qu'il
désirait était inlassable. Il a joui de la confiance du
digne M. Vignals, et plus tard de celle du vénéré
M. de Laportalière. Il était pour eux un précieux
auxiliaire et ne craignait pas de se présenter chez
les familles riches de la paroisse pour solliciter
leurs offrandes, lorsque la Fabrique ne pouvait répondre pleinement à ses désirs. Les paroissiens de
la Dalbade, qui étaient fiers de la beauté de leur
église, lui faisaient bon accueil et se montraient
généreux. C'est grâce à son initiative et aux géné-
rosités qu'il suscitait que bien des ornements ont
décoré notre église; plusieurs la parent encore.
C'est surtout pour nos magnifiques processions
qu'il s'ingéniait, afin de procurer de superbes bannières, croix, pavillons... Sa sollicitude pour préparer ces divers ornements était telle qu'il oubliait
tout le reste. Il était aidé dans ce travail par des
personnes de bonne volonté, principalement par
les marguillières du Catéchisme de Persévérance.

L'une d'elles, en particulier, le secondait admirablement et avait si bien appris de lui la manière
d'organiser toutes choses, que, à la mort d'Henri

Azéma, elle ne fut nullement en peine pour diriger le travail des processions, qui assurément était très compliqué. Combien de fois, les jours qui précédaient et qui suivaient nos processions, cette bonne Joséphine Fages oubliait, en préparant ou en pliant bannières et pavillons, l'heure de ses repas et celle de son repos. Quel n'a pas été son chagrin lorsque nos processions ont été interdites... Elle a laissé tout en bon ordre, espérant que plus tard ces beaux ornements serviraient de nouveau. Dieu veuille que ce soit bientôt!... Cette chère doyenne des marguillières a vécu environ douze ans après la suppression des processions, s'occupant toujours du soin de la chapelle Mac-Carthy et de celle de la Congrégation. Elle s'est endormie pieusement dans le Seigneur, le 2 mars 1892, à l'âge de quatre-vingt-un ans.

Puissent les exemples qu'ont laissés nos anciennes et vénérées marguillières être, pour celles qui les ont remplacées, un stimulant pour remplir leurs fonctions avec un grand esprit de foi, un respect profond et un ardent amour! Qu'elles apprécient l'honneur qui leur est fait, et que leur plus douce joie soit d'embellir toujours la maison du Seigneur!

XVII

ŒUVRE DES VOCATIONS SACERDOTALES

RAPPORT

Présenté par Mme Achille LAURENS,

DIRECTRICE PAROISSIALE DE L'ŒUVRE.

Son Éminence le cardinal Mathieu, dès son installation à l'archevêché de Toulouse, en 1896, s'attacha, avec tout son cœur, à raviver les œuvres diocésaines. Presque toutes lui parurent florissantes. Mais il eut le regret de constater que la plus importante pour lui n'existait pas; il voulut combler cette lacune, comme s'il pressentait les tristes événements qui allaient affliger l'Église de France.

A ce moment-là, en effet, notre malheureux pays était moins tourmenté qu'il ne l'est actuellement. La séparation de l'Église et de l'État restait en projet indéfini pour quelques-uns et les catholiques ne pouvaient pas s'attendre que dix ans plus tard cette œuvre de ténèbres fût définitivement consommée.

Son Éminence constatait donc que les revenus de l'œuvre des séminaires étaient presque entièrement absorbés par l'entretien des bâtiments, de telle sorte qu'il ne restait presque rien pour assurer la vie matérielle et l'instruction de nos jeunes lévites.

Dans d'autres diocèses, les uns plus grands, les autres moins importants que le nôtre, une œuvre existait pour suppléer à l'insuffisance de celle des séminaires, l'*Œuvre des Vocations sacerdotales*. La créer dans le diocèse devint le désir de Son Éminence et nous devons remercier Dieu de lui avoir inspiré cette pensée, assurément venue d'En-haut.

En 1899, le départ pour Rome du vénéré cardinal arrêta un instant l'organisation à peine commencée.

A son arrivée à Toulouse, S. G. Mgr Germain, dont le diocèse aime la bonté, prit à cœur cette belle œuvre. Il décida que chaque paroisse aurait une directrice, laquelle s'adjoindrait (s'il était possible) des zélatrices chargées de recueillir à domicile les offrandes.

Votre directrice de la Dalbade a partout reçu un bienveillant accueil.

La première année, l'œuvre étant encore mal connue, on recueillit néanmoins dans la paroisse 350 francs.

La deuxième année la recette fut de 610 francs,

les deux années suivantes de 500 francs, et enfin, en 1907, de 450 francs.

Nos associées bienfaitrices sont au nombre de quarante-cinq environ. Il serait à souhaiter, dans l'intérêt de la prospérité de l'œuvre, que ce nombre fût plus important.

Nous avons aussi à vous entretenir de nos chers petits zélateurs. Ces jeunes enfants prélèvent, sur leurs étrennes du jour de l'an, une somme qu'ils offrent à Monseigneur dans une réunion charmante. Cinq enfants seulement sont venus cette année assister à cette fête. Ils ont eu le plaisir de remettre eux-mêmes à Sa Grandeur leur mystérieuse enveloppe fermée. Sans doute, vous trouvez un peu restreint un pareil nombre. Mais je ne me lasserai pas de faire, auprès des généreux parents, des démarches nouvelles pour que les chers petits zélateurs deviennent de plus en plus nombreux. De même devraient être de plus en plus nombreux ceux qui, sous l'inspiration de leur famille, se préparent au sacerdoce.

En ce moment, la paroisse a l'honneur d'avoir trois enfants qui portent déjà la soutane et deux qui bientôt revêtiront ce saint habit.

Malgré la multiplicité des œuvres, la paroisse continuera à tenir son rang. Cependant, Monseigneur l'Archevêque désirerait un élan plus grand.

Ne convient-il pas vraiment de nous imposer

de légers sacrifices pour qu'une obole plus forte vienne grossir notre recette de fin d'année? Avec l'aide de Dieu, ces sacrifices nous les ferons, cette obole nous la donnerons; car on peut affirmer en toute certitude que l'œuvre des Vocations sacerdotales est l'œuvre par excellence. Sans les prêtres, impossible de pratiquer nos devoirs de catholiques, et l'âme chrétienne de nos enfants ne pourra se former que si les parents sont aidés par les prêtres. Sans les prêtres, qui donc baptisera? Qui préparera à la première communion? Qui aidera à bien mourir et à envisager même la mort avec douceur? Qui, dans les peines physiques, et celles-là ne sont pas les plus cruelles, qui, dans les peines morales, nous donnera un peu de courage, un peu de résignation? Qui, si ce n'est le prêtre toujours si bon, si dévoué?

Confiante dans l'esprit de charité et de piété de notre chère paroisse, j'espère que non seulement nos recettes ne diminueront pas, mais que bientôt nous aurons la joie de les voir grandir, et, si Dieu nous vient en aide, la Dalbade conservera une réputation qui a fait son honneur et dont elle est justement fière.

XVIII

L'ÉTOILE

ASSOCIATION D'INTÉRÊT SOCIAL

RAPPORT

Présenté par M. BOURRIÈRES

MEMBRE DE L'ASSOCIATION.

L'Etoile se compose exclusivement d'hommes ayant suivi, au moins une fois, les exercices d'une retraite fermée.

Ces retraites durent trois jours entiers. En dehors des exercices de piété, il y a, une fois par jour, des conférences où s'agitent les questions à la fois religieuses et sociales.

Non seulement se sanctifier, mais travailler encore à la sanctification des autres est l'une des résolutions que l'on prend, le plus fréquemment, durant ces retraites, selon la belle maxime de N. S.-P. le pape Pie X : *Instaurare omnia in Christo.*

Afin d'entretenir cette ferveur et ce zèle pour l'apostolat, les anciens retraitants de Toulouse s'organisèrent, il y a environ quinze ans, et formèrent une association qui, plus tard, reçut le nom de *L'Etoile*, en mémoire de la Très Sainte Vierge et du Sacré-Cœur.

Le but de cette œuvre est donc de grouper des hommes convaincus, au point de vue catholique, et particulièrement actifs, décidés à développer cette activité au sein des diverses associations dont ils font partie.

Elle a été créée pour être la servante de toutes les autres œuvres. Comme association, elle les soutient toutes, sans se souder à aucune.

En dehors des principes de la foi catholique, laissant à chacun la plus entière liberté au sujet de ses opinions personnelles, possédant sur ses listes les noms des personnes dirigeant la plupart des associations de la ville, elle sert de lien entre elles et souvent de terrain de conciliation.

Aussi l'Etoile jouit-elle tout à l'heure des sympathies très marquées de presque toutes les œuvres essentiellement religieuses de Toulouse : Tiers-Ordre de Saint-François, Rosaire, Apostolat de la Prière, Associations paroissiales, Conférences de Saint-Vincent-de-Paul, Cercles catholiques, Jeunesse catholique, etc., etc.

Ne se contentant pas de soutenir, l'Etoile crée au besoin. C'est par trentaine qu'il faudrait compter les œuvres dues à son initiative. Afin de ne pas blesser la modestie de leurs promoteurs, on voudra bien me dispenser de les énumérer.

L'Etoile ne conserve pas la direction des œuvres qu'elle a fondées. Elle les abandonne à leur propre vie, se contentant de les maintenir actives, comme elle fait pour les autres, par l'action individuelle de ses membres.

Quelle que soit l'ardeur qu'il possède, l'homme a besoin d'être soutenu, aidé, encouragé, surtout au milieu des périodes de luttes pénibles telles que celles que nous traversons au point de vue religieux en ce moment.

L'union fait la force; c'est afin de mettre en pratique ce principe que les membres de l'Etoile ont des réunions périodiques, en particulier tous les dimanches, d'une manière facultative, 19, place du Salin, dans un local mis gracieusement à leur disposition.

Tous les six mois, janvier et juillet, il y a une séance générale dans laquelle sont exposés les résultats obtenus et proposés les nouveaux projets.

En novembre et mai, les membres de l'Etoile se réunissent également afin de passer une journée en commun. On suit ce jour-là le règlement des retraites : messe de communion, instruction, causerie sur les œuvres, repas fraternel, chapelet, vêpres, conférence sur un sujet d'actualité, salut du Très Saint-Sacrement.

Toulouse compte environ cinq cents hommes ayant suivi les exercices des retraites fermées : un tiers au moins fait partie de l'Etoile. Elle est tout à l'heure l'une des œuvres les plus vivantes de la ville, tout en se laissant ignorer, désirant faire beaucoup de bien et le moins de bruit possible.

XIX

LA COMMUNION FRÉQUENTE PARMI LA JEUNESSE

RAPPORT

Présenté par M. l'Abbé BRUT.

Mesdames, Messieurs,

Nous voulons étendre les bienfaits de la communion fréquente et même quotidienne jusqu'aux enfants. Sans doute, concevoir un tel projet vous paraîtra téméraire et l'exécution impossible. Cependant, on a de bonnes raisons pour l'entreprendre et quelques moyens pour en faire espérer le succès.

I.

Pourquoi nous voulons faire communier fréquemment les enfants? Mais, tout simplement, parce que le Pape le veut. A nous, prêtres, il fait un devoir « d'exhorter fréquemment et avec insistance le peuple chrétien à cette pratique si pieuse et si salutaire ». Or, les enfants font partie du peuple chrétien ; nous n'avons pas le droit de les exclure. Bien plus, ils sont visés spécialement par Pie X, qui ordonne « de promouvoir la communion fréquente et quotidienne dans toutes les maisons d'éducation chrétienne, quelles qu'elles soient ». Ne pas le faire, ce serait désobéir à notre Chef.

Ce serait aussi manquer à la justice et à la raison. Car, les enfants, non moins que les autres, ont ou peuvent avoir les dispositions que requiert l'Eglise pour admettre à la communion fréquente et quotidienne.

Ils ont la connaissance suffisante. Ils l'ont eue pour communier une fois, ils l'auront pour communier une seconde, et ainsi de suite. D'ailleurs, quand ils communient, nos enfants savent très bien ce qu'ils font. L'âme de l'enfant, quand elle est pure, a des affinités secrètes avec les vérités de la foi. Déjà, elle était naturellement chrétienne ; mais depuis son baptême, quand on lui parle de ces harmonies divines qui existent entre la grâce et l'Eucharistie, elle ne s'étonne pas : elle a l'air de se ressouvenir.

Que faut-il encore ? L'état de grâce ? Mais ne leur est-il pas en quelque sorte naturel ? Hâtons-nous donc de les mener à Jésus avant qu'ils aient eu le temps de le perdre. Une intention droite ? Pour les enfants, quoi de plus facile ? Calculs, arrière-pensées, chemins détournés, ils ignorent tout cela : s'ils vont à Jésus, ils y vont tout droit.

Mais, objectera quelque esprit chagrin, quel fruit retireront-ils de tant de communions ? Ils sont si légers ! — Pie X le sait, et il les pousse à la communion quotidienne. Et le Sauveur, ne le sait-il pas ? Et c'est à ces esprits chagrins qu'il répéterait : « Laissez venir à moi les enfants ; ne les arrêtez donc pas ! » Ils sont si légers ? Heureusement ! Donc leurs fautes aussi sont légères et les rendent moins indignes. Quels fruits ils en retirent ? Oh ! pas tout celui que vous désireriez peut-être. Ils ne reviendront de la Table sainte ni de bois ni de glace, et vos nerfs devront bien encore supporter leurs petits défauts. Mais les grands défauts, les vrais, ceux qui attristent le divin Maître, ceux-là diminueront peu à peu. Les heureux témoins de leurs petites luttes en sont souvent émerveillés, et toujours ils constatent en eux une augmentation de pureté et de vie chrétienne proportionnée à la fréquence des communions.

Mais ne vaudrait-il pas mieux les faire communier moins souvent et leur donner ainsi une habitude qu'ils garderaient toute leur vie ? — Quelles sont les pratiques, je vous prie, qu'ils garderont toute leur vie ? Qui pourrait le dire ? D'ailleurs, moins ils communieront et plus tôt ils abandonneront la communion. Pourquoi ? Parce que des communions rares sont d'ordinaire insuffisantes à les maintenir en état de grâce ; peu à peu ils s'en dégoûtent et abandonnent tout. Et si plus tard, touchés de la grâce, ils reviennent à ce remède souverain, l'Eucharistie ne pourra que faiblement et lentement leur refaire une santé diminuée, comme ces fortifiants qu'on donne à des tempéraments trop débiles, bons tout au plus à entretenir vaille que vaille une santé qui se mourait.

Mais, aujourd'hui, ce n'est pas des communiants, c'est des hommes qu'il nous faut. — Et c'est pour vous donner des hommes que nous voulons faire des communiants. Des hommes sans l'Eucharistie, nous en avons trop, hélas ! et nous voyons ce qu'ils valent..... pour le mal. Nous voulons, nous, former des hommes, mais pour le bien ; nous voulons former des chrétiens. D'ailleurs, à la place de l'Eucharistie, que mettriez-vous ? Des exhortations ? Des discours ? Allons donc ! « Votre frère, affamé et nu, dit l'apôtre saint Jacques, vous demande du pain, et vous, vous lui dites : Allez en paix ; réchauffez-vous et rassasiez-vous. Et vous ne lui donnez rien. C'est une moquerie ! » Charitables à la façon de ces riches avares dont parle l'apôtre saint Jacques, à des enfants faibles, surpris par des passions qu'ils ne soupçonnaient pas, nous offririons... de bonnes paroles! Et quand nous avons du pain en abondance, nous aurions la cruauté insensée de leur refuser le morceau qui doit les empêcher de mourir !

Nous ne le ferons pas. Seulement, pour qu'ils profitent mieux de cette divine nourriture, nous avons soin de la leur apprêter. Voici comment.

II.

D'abord, nous essayons de les grouper. C'est afin de leur donner du courage. Quand il s'agit de remonter un courant, les hommes ont besoin de se sentir en nombre ; ils n'avancent pas s'ils ne sont pas entraînés. Hélas ! les enfants sont des hommes en petit.

Là où il existe encore des maisons d'éducation chrétienne, — la Dalbade a le bonheur d'en avoir, — nous profitons de ces groupements tout préparés. Il y en a d'autres, la paroisse en est riche : catéchismes de persévérance, patronages, cercles, etc. Notre ambition serait de donner à ces œuvres excellentes une vie chrétienne plus intense. Les œuvres elles-mêmes, non moins que leurs membres, y gagneraient. Que de dévouement, que d'argent ne dépense-t-on pas pour retenir la jeunesse ! Hélas ! si elle s'entête à aller ailleurs, c'est sans doute qu'elle y trouve, à son point de vue, mieux que chez nous. Donnons-lui, il le faut, des lieux de réunion, des jeux, des spectacles, des sports ; mais surtout donnons-lui, ce qu'elle ne trouverait pas ailleurs, une vie chrétienne clairement comprise, fortement voulue, abondamment nourrie : sûrement, elle s'attachera à nous davantage, et elle sera meilleure.

Il est un genre de groupement, bien connu, plusieurs fois séculaire, approuvé et vivement encouragé par les souverains pontifes : je parle des congrégations de la Sainte Vierge. Dotées d'une organisation à la fois simple et serrée, unissant à la sécurité de l'expérience et de la tradition une grande facilité d'adaptation à tous les milieux, grâce aussi à leur but précis, qui est de développer et de fortifier la piété, et, par la piété, d'atteindre la vie entière, les congrégations sont devenues des centres de vie chrétienne puissante et des pépinières d'œuvres.

La congrégation peut s'implanter dans un groupement déjà existant : dans toutes les écoles, et même dans toutes les œuvres chrétiennes, elle a sa place marquée. Elle peut aussi se recruter en dehors des autres œuvres. Combien d'enfants, de jeunes gens qui se perdent et font naufrage parce qu'ils n'aperçoivent ni sauveur, ni planche où s'accrocher ! La congrégation les saisira et, en les admettant à la communion fréquente, les sauvera.

Quand notre petit monde est groupé, nous nous mettons à l'instruire. Nous lui disons nettement quelle est, sur la communion quotidienne, la doctrine de l'Eglise, quels en sont les avantages, quelles en sont les douceurs ; puis, par des entretiens fréquents, par la confession surtout, nous les aidons à se préparer : travail de préservation, de guérison, de correction (oh! bien indulgente!); travail aussi assujettissant et de longue haleine, mais dont les résultats sont toujours certains.

Ainsi préparés, nous menons nos enfants à la sainte table, le plus tôt possible, sans attendre, croyez-le bien, qu'ils aient atteint les plus hauts sommets de la perfection! Au contraire, c'est au pied de la montagne que nous leur donnons du pain, pour qu'ils aient la force de monter.

Mais vont-ils, tout d'un coup, communier tous les jours? Hélas! le chemin est long de la croyance à la pratique. Pour aider à franchir la distance, nous poussons légèrement, nous ne heurtons pas ; nous voulons que la marche en avant soit accélérée, mais pas de bousculade. La mesure commune, c'est la communion des dimanches et des fêtes. Cependant, il se trouve des enfants plus pieux, plus énergiques, qui veulent faire davantage et, s'ils en étaient tous, nous ne les arrêterions pas.

Heureux enfants ! ils seront bien préparés, ceux-là, c'est· l'amour de Notre-Seigneur qui les attire.

Tel est, dans ses grandes lignes, notre plan. Il est en train de se réaliser dans vos deux écoles. L'œuvre y grandit peu à peu. Il faudrait voir avec quelle avidité charmante, chaque semaine, ces chers petits écoutent la parole de Dieu. La plupart sont déjà entrés, sans trop se faire prier, dans la salle du festin, et, sans doute, ils ont trouvé les mets savoureux, car plusieurs fois ils ont voulu y revenir. Quand aux résultats de ces communions, à quoi bon les révéler ? Lorsque la sève circule dans les veines de l'arbre, bientôt l'écorce éclate, puis apparaissent les bourgeons, les fleurs et les fruits.

Mesdames, Messieurs, pour cette œuvre nous avons besoin de vous. Nous vous demandons surtout de sauvegarder la liberté de vos enfants. Mais entendons-nous bien. Prenez garde, sans doute, par des exhortations trop pressantes et trop précises, de les porter contre leur gré à la table sainte. Mais prenez garde aussi de les en éloigner : ce qui arriverait si, dans votre manière de parler ou vos procédés, ils pouvaient soupçonner l'ombre d'une désapprobation.

Vous ferez mieux que de ne pas gêner leur liberté, vous l'aiderez. Ne voyez-vous pas que cette liberté est violentée par mille sollicitations contraires ? La paresse qui leur est si naturelle, les préjugés qui déjà se sont infiltrés dans leurs esprits, leurs passions naissantes qui en sont irritées, l'air ambiant qui souffle d'ordinaire en sens opposé, des camarades peut-être qui rient et goguenardent, tout conspire à les retenir quand ils voudraient aller à Jésus. Parents chrétiens, c'est à vous de les délivrer.

A vous aussi de leur aplanir les difficultés matérielles, souvent les plus infranchissables. Mais alors, c'est tout un nouveau train de vie à adopter et un temps énorme à perdre ! Non, quelques instants seulement, et ils ne seront pas perdus pour mettre votre chérubin à même d'aller recevoir la réfection céleste qui le maintiendra tout le jour pur et bon.

Mères, quand il est malade, vous savez si bien vous dévouer ! Mais il n'est pas malade ! Votre enfant est parfait... je le sais... Dieu le veuille ! Aussi bien, c'est seulement pour préserver cette ravissante santé : les remèdes prophylactiques sont les meilleurs, et l'hygiène morale comporte la communion fréquente.

Faites mieux que d'aplanir les difficultés : franchissez-les avec lui. Frayé par le cher enfant, le chemin qui mène à la communion fréquente ne vous paraîtra plus si ardu ; d'abord vous vous y hasarderez avec hésitation, bientôt vous le suivrez avec allégresse.

XX

LIGUE DE COMMUNION QUOTIDIENNE

POUR HOMMES ET JEUNES GENS

RAPPORT

Présenté par M. l'Abbé CHAUVIN.

« Cette Ligue n'est pas une œuvre... Une Ligue qui n'a rien d'une œuvre... » — Ainsi se présente, dans ses traits officiels, ainsi vous était présentée naguère par la *Semaine catholique*, l'*Express*, la *Chronique de Toulouse*, la *Croix du Midi*, l'*Appel du Sacré-Cœur*, la Ligue que voici.

Il lui faut donc quelque audace pour accepter, au milieu d'un congrès des œuvres paroissiales, une place si aimablement offerte.

Elle ne s'y trouve pourtant pas déplacée, se sachant très légitime paroissienne de la Dalbade, née (dans la pensée et la décision de son fondateur) à l'ombre du grand clocher rose, dont le carillon chantait les antiennes du 8 décembre dernier. Un mois plus tard, elle se sentait robuste, pas trop

indigne d'être conduite à Monseigneur l'archevêque, à Notre Saint-Père le Pape. Les bénédictions
de ces deux augustes parrains lui valent de se
montrer aujourd'hui bien vivante, vous disant
(oh ! sans orgueil..., mais sans timidité) : Je m'appelle la *Ligue de Communion quotidienne pour
les hommes.*

Si elle ajoute qu'elle n'est pas une œuvre, lais-
sez-la dire : elle entend qu'elle n'a aucun comité,
ne perçoit aucune cotisation, n'exige aucune
prière, n'organise aucune réunion, reste enfin simple affaire de pratique tout individuelle, et donc ne
gêne aucune œuvre.

Sa prétention est de recueillir les adhésions
d'hommes qui s'engagent à communier chaque
jour. Son entêtement (Mesdames, pardonnez-lui !)
est de n'accepter pour membres que des hommes,
jeunes gens, enfants. Son originalité (Messieurs,
vous lui pardonnez !) est de servir ses communications, tracts, bulletins, billets d'inscription ou de
rappel sans aucun frais. Sa coquetterie est de ne
vouloir que des membres actifs, désirant et pou-
vant, de fait, communier chaque jour pendant un
délai fixé à leur choix, délai qui varie de huit jours
à... la vie.

Pousser les hommes, des hommes du monde, des
hommes du peuple, des jeunes gens qui travaillent
à la communion quotidienne, n'est-ce pas un peu

prétentieux ? Vous reconnaissez là les grandes prétentions de Pie X, fondées sur la tradition, sur l'évangile, sur l'intelligence complète de l'Eucharistie, sur la notion vraie de la communion. Notre Ligue propage cette doctrine, facilite la réalisation du « Décret libérateur », aide les volontés hésitantes. Elle vous avoue que, eût-elle jamais douté d'elle-même, elle n'en doute plus, sachant déjà ce qu'elle peut, sachant surtout ce que peut la bonne volonté (héroïque parfois) de ces jeunes hommes, de ces chefs de famille, ouvriers, employés, collégiens, étudiants, petits ou grands séminaristes, professeurs, commerçants... dont les noms (venus des quatre coins de cette paroisse, de Toulouse, de France) illustrent ses fiches — discrètes.

Ces catholiques-là ont compris le catholicisme, puisqu'ils le vivent si intégralement. Ils sont les meilleurs paroissiens de leurs paroisses, ils sont l'élite de nos œuvres. Cette élite de nos œuvres paroissiales, la *Ligue de Communion quotidienne* est heureuse de contribuer à la former.

DEUXIÈME SÉANCE DE TRAVAIL

Présidée par M. MARCHAL

CONSEILLER DE PAROISSE

Vendredi 6 Mars, 2 heures 1/2.

ŒUVRES D'ENSEIGNEMENT ET POSTSCOLAIRES

XXI

Ecole maternelle et Ecole primaire libre de Filles
(1903-1908)

RAPPORT

Présenté par Mlle Marie BERTRAND,

DIRECTRICE GÉNÉRALE
DU PERSONNEL DES DEUX ÉCOLES.

La charité ne meurt pas. Tout au plus, sans encourir le reproche de modernisme et pour sacrifier quelque chose à l'esprit du jour, pourrait-on affirmer qu'elle évolue afin de se soustraire à la persécution. Ses ennemis la poursuivent sous toutes ses formes. Leurs coups redoublés ne réussissent pas à la détruire. Ils n'aboutissent, grâce à Dieu, qu'à décupler son énergie, à lui donner une vitalité que ses amis eux-mêmes ne paraissaient pas soupçonner.

Le 1er octobre 1903, sur un ordre venu du Bureau de bienfaisance et de la Loge, les Filles de la Charité, après avoir, pendant cent trente-cinq ans, servi les pauvres de la Dalbade et instruit gratuitement les enfants, durent abandonner les locaux qu'elles occupaient : les Bureaux de bienfaisance étaient laïcisés.

L'école maternelle et l'école primaire libres de la paroisse se trouvaient supprimées par le seul fait.

La population chrétienne de la Dalbade s'émut tout entière et de tous côtés arrivèrent aux bonnes sœurs les témoignages inoubliables d'une profonde sympathie. On le vit bien à l'heure solennelle de l'expulsion. La triste besogne s'accomplit au milieu de l'indignation à peine contenue de la foule ; et si nos maîtres d'un jour se trouvèrent encore les plus forts, ils n'eurent aucune difficulté à se convaincre du mépris, de la réprobation générale soulevés par leurs odieuses violences. Ce fut là un de ces coups de liberté dont l'hypocrisie sectaire devait, bien des fois encore, très libéralement gratifier les catholiques endormis.

Elles se seraient passées de cette liberté inattendue les saintes religieuses qui se consacraient depuis longtemps à l'éducation chrétienne de l'enfance !

Dans cette crise meurtrière, qu'allait devenir l'enseignement chrétien pour la paroisse de la Dalbade ? Allait-on abandonner l'enfance à l'école officielle, à des maîtres qui ont à exécuter la difficile consigne de rester neutres sur les questions les plus profondes, les plus palpitantes d'intérêt et les plus pratiques de la vie ? Comment lutter contre l'enseignement athée? Est-ce que l'État ne dispose pas de multiples moyens pour décourager les bonnes volontés les plus opiniâtres? Et, d'ailleurs, où trouver les ressources indispensables? A supposer que l'on parvînt à réunir les sommes suffisantes pour louer de nouvelles classes et pour rétribuer pauvrement un personnel choisi, qui pourrait-on charger, non pas de remplacer les sœurs, il ne fallait pas y prétendre, mais de continuer leur œuvre?

Nous avons, à regret, le devoir de laisser deviner quelle main sûre et habile a heureusement démêlé l'inextricable écheveau des difficultés légales et matérielles, fait affluer les ressources et suscité les dévouements indispensables.

Tout d'abord, on nous retint plus de six mois à la porte de nos classes, au milieu d'obstacles qui paraissaient insurmontables, dans le travail obscur et en apparence inutile de la garderie.

La Providence veillait sur nous. Elle permit aux mères, qui furent admirables de patience et de confiance, de ne pas se décourager; aux enfants de s'attacher bien vite à leurs nouvelles maîtresses, et à celles-ci de ne pas trop s'épouvanter de l'appareil intimidant que revêtaient, pour lasser leur constance, les autorités étroitement liguées entre elles de l'académie et de la magistrature.

La Providence nous aida, disions-nous tout à

l'heure, le Saint-Esprit aussi, sans aucun doute; car si, plus d'une fois, nous eûmes à trembler devant les juges, il nous fut donné aussi, nous l'avouons sans vanité et pour l'édification générale, de rire et de nous tirer avec esprit des grossières embûches et des petites, oh! combien petites, mesquineries de nos détracteurs.

Il ne fallut rien moins qu'un arrêt du Conseil supérieur de l'instruction publique pour que notre école fût ouverte.

Une fois toutes les difficultés légales et matérielles aplanies, notre programme était tout simple : nous n'avions qu'à copier les bonnes sœurs. Notre ambition a été jusqu'à ce jour de les suivre de loin, et nous serions injuste à l'égard des maîtresses actuelles si nous négligions de dire que nous avons réussi au-delà de nos prévisions, si nous omettions de rappeler les résultats satisfaisants et les succès que nous ont valus leur dévouement très méritoire et très désintéressé aussi bien que leur indiscutable compétence.

Cent enfants ont fréquenté l'école maternelle de 1904 à 1905.

Cent vingt de 1905 à 1906.

Cent soixante de 1906 à 1907.

Cent quatre-vingts de 1907 à 1908.

Soixante-dix élèves ont fréquenté l'école primaire de 1904 à 1905.

Huit certificats : cinq à l'Institut avec une mention *bien* et quatre *assez bien*. — Trois à l'Académie.

Quatre-vingt-huit élèves ont fréquenté l'école primaire de 1905 à 1906.

Dix-sept certificats : neuf d'instruction religieuse avec deux mentions *assez bien;* cinq à l'Institut avec une mention *bien* et une mention *assez bien.* — Trois certificats à l'Académie.

Cent trois élèves ont fréquenté l'école primaire de 1906 à 1907.

Trente et un diplômes ont été obtenus : trois brevets d'instruction religieuse, huit certificats d'instruction religieuse avec une mention *bien* et cinq mentions *assez bien,* sept certificats à l'Institut avec une mention *bien,* quatre mentions *assez bien.* — Treize certificats à l'Académie.

Cent dix enfants fréquentent actuellement l'école primaire.

Ces chiffres sont éloquents. Ils suffisent à prouver que Dieu a manifestement béni la confiance des parents, le travail et l'application des enfants et aussi l'infatigable labeur de nos chères maîtresses.

Ajoutons, pour être complet, que les enfants, ont trouvé chez nous l'agréable à côté du nécessaire et de l'utile. La charité est ingénieuse, je ne saurais assez le dire, ni assez remercier l'initiative intelligente qui apporte à nos élèves le luxe de l'enseignement musical.

La grande joie que nous causent ces succès est bien atténuée, nous l'avouons avec tristesse, par la vue de l'immense tâche qui nous sollicite, par le sentiment infiniment douloureux de la stérilité de nos efforts pour un trop grand nombre de ceux qui devraient avoir à cœur d'en bénéficier.

L'école sans Dieu multiplie chaque jour ses victimes !

Nous avons donné, nous, chrétiennes irréductibles et résolues, notre argent, notre temps, notre vie pour l'éducation religieuse de l'enfance. Que nous reste-t-il à faire pour toucher les cœurs insensibles des mères, pour arracher l'enfant, les parents, la famille à l'influence désastreuse des maîtres impies ? Que pouvons-nous de plus, pour contre-balancer utilement l'insouciance et la légèreté des parents, pour déjouer leurs calculs égoïstes, intéressés et maladroits, car, enfin, quel intérêt peut bien compter en présence de la ruine morale trop certaine qu'ils préparent pour l'avenir ? Ils ont peut-être, par ces capitulations coupables, la prétention de se garantir des places et des situations avantageuses. Qu'ils prennent garde ! Dieu ne se laisse pas impunément ravir les cœurs. Et le pire châtiment des parents assez faibles pour sacrifier les droits de Dieu sur les enfants, n'est-ce pas trop souvent, une triste expérience l'atteste, la méconnaissance et l'abandon par les enfants eux-mêmes de tout respect, de toute gratitude et de toute affection envers les auteurs de leurs jours?

Pour nous, tant qu'il nous restera un peu de liberté pour le faire, nous continuerons la belle œuvre à laquelle nous ne remercierons jamais assez la Providence de nous avoir appelée, malgré notre faiblesse, à apporter notre concours. Nous nous inspirerons toujours des saines traditions et des précieux exemples que nous ont laissés les Filles de Saint-Vincent-de-Paul.

La tourmente qui les a chassées de l'école a ouvert un nouvel essor à leur zèle. Les âmes ne viennent plus à elles, mais elles vont aux âmes dans toutes les rues et à tous les étages des maisons, portant partout leurs spéciales aptitudes au soulagement des corps et, quand Dieu le permet, à la résurrection des âmes.

Nous retiendrons cette leçon. Et si un jour, ce qu'à Dieu ne plaise, la haine venait à nous arracher nos enfants, elle nous trouverait encore debout, fermement décidées à faire le bien, à sauver des âmes, à montrer au monde, qui s'en étonne et qui l'admire, l'action à jamais indestructible et bienfaisante de la charité.

XXII

ECOLE LIBRE DE GARÇONS

RAPPORT

Présenté par M. le Comte H, de LASTIC SAINT-JAL.

Monsieur le Président,
Mesdames, Messieurs,

L'école de la Dalbade s'ouvrit le 28 octobre 1816, rue de la Dalbade, n° 5. Les Frères de la Doctrine chrétienne en prirent la direction et elle fonctionna dès lors comme école communale.

En 1825, la municipalité de Toulouse inscrivit à son budget un crédit de 2.000 francs pour le traitement de quatre nouveaux frères ; deux d'entre eux furent affectés à la Dalbade.

En 1833, nous trouvons l'école dans la maison qui occupe aujourd'hui le n° 49 de la rue des Couteliers, près de l'ancienne halle aux poissons et de ce que l'on appelait le « Pont d'Arcole ». Les classes se trouvèrent bientôt trop restreintes pour le nombre des élèves qui fréquentaient l'école ; mais le mobilier tombant de vétusté, on eut recours au pasteur de la paroisse, renommé pour sa générosité. Celui-ci alla immédiatement trouver une famille du voisinage, avantageusement connue par la largesse de ses aumônes, et, dès le lendemain, l'école était décorée d'un mobilier entièrement neuf.

En 1842, les chers frères obtinrent un local plus vaste, situé rue Saint-Remésy, dans une partie de l'école communale actuelle, et le payement d'un quatrième frère.

Après l'année 1892, l'école fut transférée dans les bâtiments qu'elle occupe aujourd'hui, grâce à la générosité de M. l'abbé Julien. Nous avons lieu d'espérer qu'elle y est désormais installée à perpétuelle demeure. Les chers frères, hélas ! n'y sont plus ! C'est à partir de cette année 1892 que l'école cessa d'être communale pour devenir école libre.

Avant d'esquisser d'un coup d'œil rapide l'histoire contemporaine de notre école, nous ne pouvons passer sous silence le nom du cher frère Antonin, si connu à Toulouse, qui y fit ses débuts il y a plus de cinquante ans, pas plus que la sympathique physionomie du cher frère Libérat, qui semblait avoir gardé une affection toute particulière pour cette école de la Dalbade où il avait enseigné comme jeune maître.

Trois noms des disciples de saint Jean-Baptiste

de la Salle sont encore fidèlement gravés dans le cœur des jeunes générations de la paroisse. Chacun d'eux passa en faisant le bien : *pertransiit benefaciendo !* Ce sont :

1° Le frère Jacques, qui quitta l'école en 1893, directeur doué de grandes qualités, mais surtout de la plus franche cordialité ;

2° Le frère Liébert Germain, qui tenait admirablement son école par son esprit de discipline ;

3° Enfin, le cher frère Benoît, que nous entourions, il y a dix-huit mois, de nos plus vives sympathies. Devenu missionnaire apostolique dans la catholique Espagne, nous possédons encore son cœur : comme jadis saint Paul, il adresse de temps en temps de délicieuses épîtres à ceux de ses fidèles enfants qui tiennent à ne pas laisser périr sa mémoire.

Rappelons : 1° que depuis l'année 1904, l'école libre de la Dalbade reçoit tout un contingent scolaire de la paroisse de la Daurade, où il n'a pas été possible de fonder une école libre de garçons ; 2° que notre école a eu le bonheur de jouir des chers frères pendant deux ans de plus que les autres écoles de la ville ; 3° que ses bonnes traditions n'ont pas peu contribué à lui conserver les enfants dont les familles s'éloignaient du quartier : plus d'un a fait plusieurs fois par jour la course des lointains boulevards à la petite rue de la Dalbade.

Ces traditions, quelles sont-elles ?

Vaillance, piété, charmante simplicité naturelle, telle est, ce semble, la caractéristique des enfants qui ont fréquenté l'école libre de la Dalbade ; les divers directeurs qui se sont succédé s'en rendaient bien compte et se plaisaient à entretenir de pareilles traditions.

Fils de travailleurs pour la plupart, là est le secret de leur vaillance ; préparés avec un soin des plus minutieux à leur première communion, tel est le secret de leur piété, et aussi le secret du poli de leurs mœurs.

Nous allons, dans deux tableaux ci-après, présenter les résultats scolaires obtenus de 1901 à 1906, c'est-à-dire pendant les dernières années que les chers frères ont occupé l'école. Les résultats obtenus en 1907 avec les nouveaux directeurs méritent aussi une mention spéciale et trouveront leur place toute marquée à la fin de cette étude.

Résultats obtenus à l'école de la Dalbade de 1902 à 1906.

1° *Brevet élémentaire libre.*

1902.	4 candidats présentés.		4 candidats reçus.
1903.	1	—	. Néant.
1904.	3	—	. 1 candidat reçu (ment. *A. B.*)
1905.	1	—	. 1 — .
1906.	Néant.		Néant.

2° *Brevet élémentaire d'instruction religieuse.*

1902.	2 candidats présentés.		2 reçus.
1903.	5	—	. 4 — (2 mentions *A. B.*)
1904.	4	—	. 2 —
1905.	6	—	. 4 —
1906.	9	—	. 8 — (4 ment. *A . B.*, 2 *B.*)

Sur 12 candidats seulement reçus dans toute la ville.

Certificats de l'Académie.

Nous n'avons pu en reproduire la liste complète faute de renseignements officiels, mais il y a toujours eu chaque année des candidats reçus.

En 1906, dernière année de la direction des chers frères, 12 candidats présentés, 12 reçus, 2 avec éloges.

3º *Certificat d'études libres.*

1902.	8 candidats présentés.	8 reçus,	1 ment. *A . B.*,	1 *T. B.*
1903.	10 —	. 9 —	2 mentions *A. B.*	
1904.	15 —	. 13 —	2	—
1905.	17 —	. 16 —	4	—
1906.	9 —	. 9 —	2	—

4º *Certificats d'instruction religieuse.*

1902.	12 candidats présentés.	10 reçus,	1 mention *B.*,	1 *A . B.*
1903.	10 —	. 7 —	1 mention *A . B.*	
1904.	16 —	. 12 —	2 mentions *B.*	
1905.	17 —	. 11 —	2	—
1906.	15 —	. 11 —	6 m. *B,* 4 *A . B.*, 1 *T.B.*	

Enfin, l'école de la Dalbade comptait chaque année, au concours général entre toutes les écoles libres des Frères de Toulouse, pour l'admission à l'école libre supérieure des Frères de Saint-Aubin, deux ou trois de ses meilleurs élèves. Ce concours général n'était autre que le résultat des notes obtenues durant l'année scolaire.

RÉSULTATS PRATIQUES FOURNIS PAR L'ÉCOLE DE LA DALBADE.

De 1816 à ces dernières années, le résultat le plus pratique, palpable entre tous, a été, pour la masse des anciens élèves de l'école libre de la Dalbade, de conserver précieusement les traditions de leurs maîtres, de les en remercier en leur confiant leurs enfants et petits-enfants, de rester d'excellents paroissiens.

Au sortir de l'école, c'est-à-dire vers treize, quatorze ou quinze ans, les jeunes gens cherchent en général à succéder à leurs pères comme travailleurs. On remarque cependant une tendance marquée à aborder les professions commerciales. Ils sont alors obligés de quitter le quartier de la Dalbade qui, comme nous le savons, est fort peu commerçant. Néanmoins, le patronage paroissial est pour eux un centre et un attrait ; nombreux sont ceux qui s'y rendent aux réunions du dimanche et saluent en passant l'école où se sont écoulées leurs premières années.

Signalons de beaux résultats obtenus, ces dernières années surtout, à l'admission aux examens des postes et télégraphes.

Le service des autels a aussi attiré d'excellentes recrues ; quelques enfants de la Dalbade occupent en ce moment des postes de confiance dans les vicariats de notre cité, ou en dehors, dans les deux séminaires et les communautés religieuses. L'école libre de la Dalbade compte actuellement deux de ses anciens élèves au grand séminaire et deux au petit; excellents élèves tant pour le travail que pour la piété, ils donnent pour plus tard les meilleures espérances.

Les résultats scolaires obtenus en 1905 et 1906, ces deux années pendant lesquelles la paroisse de la Dalbade avait possédé exceptionnellement les chers frères, ces résultats, dis-je, n'étaient-ils pas la plus belle gerbe de fleurs que les enfants de la Dalbade puissent offrir à leurs maîtres avant de se séparer d'eux ? Mais si les efforts réalisés procuraient de nobles et vaillants cœurs, pareils résultats, très encourageants certainement, n'en constituaient pas moins un legs redoutable pour ceux qui devaient succéder aux disciples de saint Jean-Baptiste de la Salle. Ces successeurs ont néanmoins su être à la hauteur de leur tâche ; eux aussi ont pu se dire au mois d'août dernier « qu'ils ont fait fructifier les talents qui leur avaient été confiés ». La situation des nouveaux maîtres était quelque peu difficile ; leur directeur tombait dans un milieu tout nouveau, tout était à réorganiser. Et puis « la gerbe de fleurs » avait supposé une culture intensive avant d'arriver à s'épanouir ; tous les élèves qui s'étaient senti tant soit peu prêts à subir les épreuves des certificats l'année précédente avaient tenu à grossir cette gerbe ; pouvait-on compter sur beaucoup de succès surtout après une première année de professorat dans un nouveau milieu ? Le courage du nouveau directeur a été au-dessus de tous ces obstacles et le succès a bien récompensé ses généreux efforts. Sur douze élèves qu'il a pu présenter en juillet dernier au certificat d'études libres, douze ont réussi; et il y a eu trois mentions assez bien. Seize ont été présentés au certificat de religion, douze ont été admis dont deux avec mention bien, un avec mention assez bien. Sur huit enfants présentés au certificat de l'Académie, six ont été admis; un s'est présenté au brevet élémentaire libre et a subi l'examen avec succès.

Souhaitons donc qu'un des meilleurs fruits de ce congrès paroissial soit que ses échos soient entendus des jeunes, voire même des tout petits, afin qu'eux aussi soient fiers de maintenir à leur tour les traditions de leurs parents et l'excellente réputation de la paroisse.

XXIII

Catéchisme des petits Garçons de l'Ecole communale

RAPPORT

Présenté par Mlle Geneviève DEFFÈS,

DIRECTRICE DE CE CATÉCHISME.

———— ————

C'est en novembre 1900 qu'a été organisé à la Dalbade le catéchisme, fait par les dames, aux petits garçons de l'école communale.

Grâce au zèle de notre première organisatrice et directrice paroissiale (Mme Delbreil) qui a semé le grain de sénevé de notre œuvre dans la paroisse, grâce au concours que nous a donné le clergé paroissial et que nous donnent constamment nos dames catéchistes, notre œuvre a grandi et prospéré.

Trois cents petits garçons de l'école communale sont venus, durant ces sept dernières années, chercher auprès de nous la formation chrétienne et morale qu'ils ne reçoivent ni à l'école, ni trop souvent dans la famille. Cette année, soixante enfants fréquentent nos catéchismes, qui ont lieu tous les jeudis matin ; de plus, les dames catéchistes s'occupent de la préparation aux confessions mensuelles, des retraites annuelles du carême et de la première communion, et enfin de la surveillance aux offices, les dimanches et jours de fête, même pendant les vacances.

Les résultats obtenus sont consolants. Nous avons eu jusqu'ici des premières communions non seulement bonnes mais ferventes, et nos petits garçons, ainsi que leurs familles, nous manifestent souvent une reconnaissance aussi touchante qu'inattendue.

Les visites aux parents, que nous faisons annuellement, sont un de nos puissants moyens d'apostolat. C'est ainsi qu'une de nos dames catéchistes a pu faire baptiser deux de nos petits garçons de sept et huit ans, parisiens d'origine, qui ont fréquenté notre catéchisme durant leur court séjour d'une année dans notre ville. Leur mère, protestante, a été instruite de la vraie foi par la dame catéchiste ; elle a reçu le baptême et a fait sa première communion. L'union des parents de nos deux petits baptisés a été aussi régularisée, grâce à notre œuvre. Cette famille, devenue chrétienne, persévère, et les deux enfants, qui habitent maintenant Argenteuil, près Paris, sont élevés à l'école libre des Frères, grâce à la généreuse sollicitude de leur dame catéchiste de la Dalbade. — Quelques autres de nos enfants sont entrés aussi, par nos soins et notre intervention, dans les écoles chrétiennes libres. Ils savent bien que c'est la plus grande joie apostolique qu'ils puissent nous donner ; et nous souhaitons qu'ils nous la donnent souvent.

Tout le monde connaît, à la Dalbade et ailleurs, les défauts et les travers de nos petits lutins laïques, victimes inconscientes d'un funeste enseignement. Ils les laissent voir sans honte, hélas ! pendant nos offices et jusque dans nos rues ; mais ils ne sont pas aussi méchants qu'ils en ont l'air, et on nous permettra bien de les réhabiliter un peu et de révéler ici (puisqu'ils ne nous entendent pas) leurs bons côtés et leurs petites vertus cachées, car ils en ont quelquefois. Tous les ans, pendant l'avent et le carême, sous l'inspiration de leurs dames catéchistes, plusieurs inscrivent, sur des billets mystérieux et non signés, leurs petits sacrifices, souvent empreints d'une générosité charmante ; et nous lisions, au carême dernier, ces lignes touchantes écrites par un de nos petits garçons : « Hier, ma petite sœur a rapporté contre moi, et ce n'était pas vrai ; maman m'a grondé et m'a battu ; et moi je ne me suis pas vengé, je n'ai rien dit pour me défendre parce que je voulais souffrir quelque chose pour le Bon Dieu. » La veille de sa première communion, un autre inscrivait cette naïve prière sur le cahier de retraite que nous leur faisons rédiger : « Mon Dieu, bénissez les dames catéchistes, qui ont une si rude besogne avec nous. Il me tarde bien d'être à demain pour faire une bonne, belle et sainte première communion. »

Après la première communion, nous continuons à veiller sur nos persévérants, dans la mesure du possible ; et, depuis cette année, nous les invitons et nous les préparons à la confession et à la communion mensuelles de l'Apostolat de la Prière. Plusieurs répondent très fidèlement et très pieusement à notre appel. — Tous nos grands, même les anciens des premières années du catéchisme, reçoivent aussi, pendant la semaine sainte, une petite lettre des dames catéchistes leur rappelant le devoir pascal ; et il n'est pas rare, le samedi-saint, que quelques-uns d'entre eux, déjà apprentis ou employés de commerce, viennent nous trouver dans la chapelle des catéchismes, où nous les attendons, pour nous dire : « Oui, j'ai reçu la petite lettre ; je veux rester un bon chrétien, et je ferai mes pâques demain ! »

Presque toutes nos dames catéchistes ont suivi, ces temps-ci, les instructions catéchistiques et pédagogiques qui ont été données à l'archevêché et qui sont si nécessaires pour nous diriger dans notre apostolat auprès des enfants. Elles ont toutes reçu le cachet d'agrégation à l'archiconfrérie de l'œuvre des catéchismes.

Il est nécessaire d'ajouter, en terminant, qu'il y a eu sans doute certaines lacunes dans la marche de notre œuvre ; nous comptons, pour les mieux découvrir et pour les combler, sur le secours de Dieu et sur la charité clairvoyante de nos amis. Avec leur aide, notre œuvre et nos chers petits enfants progresseront, espérons-le, en grâce et en sagesse, comme l'Enfant Jésus à Nazareth.

XXIV

Catéchisme des Filles de l'Ecole communale

RAPPORT

PRÉSENTÉ PAR Mme LA BARONNE DE FELZINS

DIRECTRICE DE L'ŒUVRE.

L'œuvre des Catéchismes volontaires a pour but de seconder le clergé paroissial dans l'enseignement du catéchisme aux enfants des écoles laïques et de les préparer le mieux possible au grand acte de la première communion.

Cette œuvre fonctionne sur la paroisse la Dalbade depuis la fin de l'année 1900. Elle débuta avec le concours de huit dames de bonne volonté, groupant une trentaine d'enfants qui furent presque assidues.

Peu à peu, après avoir subi diverses alternatives, nous avons atteint le chiffre de cinquante-quatre enfants et dix-sept dames catéchistes.

Tous les jeudis, les dames catéchistes réunissent les enfants dans la chapelle Mac-Carthy, pour leur expliquer et leur faire étudier la leçon qui doit être récitée au catéchisme paroissial. Les dimanches et jours de fêtes, les dames, à tour de rôle, les gardent à la messe et à vêpres ; et c'est une tâche vraiment difficile, d'obtenir une tenue à peu près convenable d'enfants dissipées, peu respectueuses des cérémonies de l'église, et qui ne paraissent pas s'y intéresser, parce que la plupart savent à peine prier !...

Aux jours marqués d'avance par MM. les vicaires, les dames préparent les enfants à la confession et les y accompagnent.

A mesure que le moment de la première communion approche, les enfants sentent le besoin de recourir plus souvent à leurs dames catéchistes pour se faire aider dans leur préparation, et beaucoup d'entre elles sont chaque jour l'objet de soins particuliers.

Quand vient la semaine de la retraite, les catéchistes ne quittent plus leurs élèves. Elles les mènent aux divers exercices et les gardent pendant les récréations, de façon à les écarter le plus possible de la dissipation du dehors. Ces dames les intéressent par des récits ou des chants et la composition de leurs petits cahiers de retraite.

Après la première communion, quelques-unes, mais en trop petit nombre, fréquentent le Catéchisme de persévérance.

Tel est, en deux mots, le fonctionnement de

l'œuvre. Est-ce à dire pourtant que tout marche à souhaits et qu'il n'y a que satisfaction et consolation à recueillir ?... Hélas ! non ; là, comme ailleurs, il est difficile de faire le bien, et sur la route les obstacles s'accumulent.

Le premier est la difficulté qu'il y a à trouver les enfants. Il faut non seulement les découvrir, mais encore recourir à la visite à domicile afin d'arriver à décider, parfois péniblement, les parents à nous les envoyer. Beaucoup se contentent de promesses, remercient la dame visiteuse de l'intérêt qu'elle porte à leur enfant, promettent de l'envoyer, puis peu à peu les absences succèdent aux absences, et bientôt on ne vient plus. Il faut renouveler la visite, mais... le temps a été perdu pour le bien et les progrès de l'enfant.

Notre visiteuse est rarement éconduite, cependant cela se produit ; mais l'opposition n'est que passagère, la réflexion et la patience en triomphent.

Il est scrupuleusement tenu compte des absences au catéchisme et à la messe du dimanche. M. le vicaire envoie chaque mois aux parents un bulletin avec les notes des enfants ; et, si elles n'ont pas été assidues, elles reviennent un peu plus régulièrement pendant quelque temps.

L'expérience de ces quelques années nous amène à constater que ce ne sont pas les catéchistes qui font défaut; elles sont assez nombreuses et zélées, et, malgré tout, leur ambition est loin d'être satisfaite, parce qu'elles savent que les bancs sont beaucoup plus garnis à l'école qu'au catéchisme.

Un trop grand nombre d'enfants ne répondent pas à notre appel ou nous échappent après quelques réunions. Il semble qu'ici il serait facile à beaucoup de nous aider. — Pourquoi telle ou telle personne ne nous signalerait-elle pas une enfant de sa maison ou de son voisinage, qui ne va pas au catéchisme?... Grâce à ces renseignements, le nombre de nos élèves augmenterait, et nous ne perdrions pas un temps précieux en recherches, souvent infructueuses.

Ne pourrions-nous pas aussi, en imitant certaine paroisse, adjoindre à nos dames catéchistes quelques visiteuses dévouées qui rempliraient cette tâche pénible, mais bien méritoire, de poursuivre et ramener les indociles?...

Il est des enfants qui, par la négligence de leurs parents, arrivent à neuf et dix ans sans savoir faire le signe de la croix! Que de choses à leur apprendre, avant de les admettre à la première communion!...

Si nos petites filles manquent d'assiduité, en général elles ont bon cœur. Elles aiment « leur Dame », car on dit au catéchisme « Ma Dame » et « Ta Dame ». Elles sentent, malgré tout, qu'on leur veut et qu'on leur fait du bien ; et, si l'une boude pour une observation, elle sait revenir avec simplicité.

Marie B..., qui se distingue tout particulièrement par son insubordination, a réfléchi pendant la retraite et écrit à sa dame : « Je suis méchante. C'est exprès ; je veux vous faire bisquer ; puisque je ne peux pas, je veux être sage comme une ange. » La conversion fut moins radicale que la résolution, mais la conscience s'était éveillée et Marie s'amenda.

Séraphine, qui aime de tout son cœur « sa Demoiselle », se met en colère au catéchisme, parce qu'elle a entendu dire qu'elle va la quitter. « Cette *Nénette*, dit-elle, pouvait bien attendre que j'aie fait ma première communion pour se marier. »

Disons, en terminant, que si nous n'obtenons pas tout le bien si ardemment souhaité, notre confiance n'en demeure pas moins inébranlable. Nous demanderons à Dieu, par la prière, de bénir nos efforts en faisant germer la semence qui paraît parfois être stérile ; et, avec le secours de sa sainte grâce, nous verrons la foi refleurir par les petits enfants de notre France !

XXV

Catéchisme de Persévérance pour les jeunes Filles

RAPPORT

Présenté par Mlle Marie SÉNÉGAS

PRÉSIDENTE DU CATÉCHISME.

A la fin d'une mission qu'il avait prêchée, en 1819, dans la paroisse de la Dalbade, l'abbé Caillau, missionnaire de France, cherchait les moyens d'en conserver les fruits. Après qu'il eut conféré à ce sujet avec l'abbé Ortric, alors curé de la Dalbade, et avec les autres membres du clergé paroissial, il fut résolu d'un commun accord qu'on établirait, dans la paroisse, un Catéchisme de Persévérance pour les jeunes filles, sur le modèle de celui qui existait à Paris dans l'église Saint-Sulpice. Nul n'était mieux qualifié pour présider à cette fondation que l'abbé Caillau, qui avait été pendant trois années directeur en chef du Catéchisme de Persévérance de Saint-Sulpice. Il fut aidé dans cette œuvre par un prêtre éminent, paroissien de la Dalbade, l'abbé Bergé, futur vicaire général du diocèse, qui méditait lui-même un semblable projet depuis quelque temps.

Le succès obtenu par la mission avait disposé les cœurs. Les jeunes filles de la paroisse furent invitées à se rendre le dimanche de la Sexagésime, 14 février 1819, dans la chapelle des Filles de la Charité. Dans cette réunion, qui fut le premier commencement de l'œuvre, on leur exposa le bien qui résulterait pour elles de l'établissement d'un Catéchisme de Persévérance. En même temps, pour attirer la bénédiction de Dieu sur la fondation naissante, l'abbé Caillau prescrivit une communion générale pour le dimanche suivant : ce fut la première communion du mois.

Le Catéchisme ayant été ouvert à toutes les grandes jeunes filles désireuses d'acquérir, avec la piété, une solide instruction religieuse, sur-le-champ elles y vinrent en tel nombre que la chapelle des Filles de la Charité se trouva trop exiguë. Le Catéchisme obtint la gracieuse hospitalité des Dames de la Visitation ; c'est chez elles que les réunions se sont tenues jusqu'au moment où la chapelle Mac-Carthy fut en état de les recevoir, 19 mars 1868.

Les procès-verbaux des premières assemblées permettraient de suivre jour par jour les progrès de l'organisation de l'œuvre. Il suffira de dire que l'abbé Caillau demeura à Toulouse jusqu'à la fin de mai, dans le but de rendre cette œuvre entièrement conforme à celle de Saint-Sulpice. A son départ, il laissa le Catéchisme sous l e contrôle du curé de la Dalbade, qui en fut le président, et sous la direction immédiate de l'abbé Bergé, qui en fut le supérieur. Zoé de Caumels fut nommée présidente. Les règlements en usage à Saint-Sulpice ne furent imposés au Catéchisme que le jour de Pâques, qui tombait cette année le 11 avril.

Tel le Catéchisme a été fondé, tel il est encore aujourd'hui. Il comprend quatre catégories de personnes : les enfants, les aspirantes, les associées et les dames affiliées. On appelle enfants les jeunes filles récemment admises dans le Catéchisme. Le nombre en est illimité, c'est la catégorie la plus nombreuse. On choisit les aspirantes parmi celles qui ont passé au moins deux ans dans le Catéchisme en donnant constamment le bon exemple. Les aspirantes sont au nombre de trente, et c'est seulement parmi elles que les associées sont recrutées. Les associées, au nombre de quarante, composent la partie essentielle du Catéchisme. C'est dans leur catégorie que les dignitaires sont choisies. Le Catéchisme compte aussi un certain nombre de dames affiliées, qui ont le droit d'assister à toutes les réunions.

Les réunions, sauf durant les vacances, ont lieu tous les dimanches; on n'excepte que la fête de

Pâques et celle de la Pentecôte. Ces réunions commencent par un cantique, la prière d'usage et la récitation de l'évangile et d'une leçon de catéchisme. Après une enfant qui vient de faire sa première communion, on voit parfois une vénérable associée, ayant déjà passé la soixantaine, se lever et se faire un honneur de réciter le catéchisme ou l'évangile, dès que son nom est prononcé. L'instruction suit la récitation. Associées, aspirantes et enfants, prennent des notes, qu'elles rédigent ensuite chez elles et sur lesquelles elles composent, trois ou quatre fois l'an, des travaux écrits : le meilleur est transcrit sur le livre d'or du Catéchisme. Une fois le mois, il y a, le matin, messe de communion avec chant de pieux cantiques, et le soir, après l'instruction, une petite retraite avec préparation à la mort. La bénédiction du Saint-Sacrement clôt cet exercice. Dans le courant du mois de juillet, a lieu un examen dans lequel enfants, aspirantes et associées sont interrogées sur les leçons récitées et sur la doctrine exposée durant l'année catéchistique ; cet examen se termine par une joyeuse distribution de prix, après laquelle le Catéchisme se ferme, pour ne plus se rouvrir que le premier dimanche de novembre.

Nous avons parlé des cantiques qui charment la piété, durant les messes de communion du mois. On sait l'intérêt et l'éclat que le chœur de nos chanteuses a donnés et donne encore aux fêtes de la paroisse et du Catéchisme ; ce qu'on ignore trop, c'est le zèle et le dévouement des jeunes ouvrières qui composent ce chœur. Il en est parfois qui, en carème ou durant les mois de Marie et du Sacré-Cœur, se rendent directement de l'atelier à l'office, puis à une répétition, et ne rentrent chez elles, pour le repas du soir, qu'après dix heures. Que Dieu daigne les bénir et leur garder toujours cette vaillance !

Dès le début, le Catéchisme reçut dans son sein un grand nombre de jeunes filles appartenant à la haute société toulousaine. Ainsi, en ne considérant que les associées des premiers temps, on distinguait parmi elles : Zoé de Caumels, Eulalie de Bosque, Amélie de Marmiesse, Thérasie de la Glazière, Caroline de Corneillan, Louise de Goudins, Gabrielle de Lassale d'Haradet, Madeleine de Goudins, Zoé de Raynal, Isabelle de Lartigue, Eulalie de Roquemaurel, Célestine de la Hitte, Marie de Saint-Pastou, Henriette d'Adhémar, Louise de Papus et autres, qui s'asseyaient fraternellement au milieu des enfants du peuple. Les grands noms étaient encore plus nombreux dans la catégorie des enfants. Il est à souhaiter que, aujourd'hui comme autrefois, toutes les familles chrétiennes de la paroisse, même de la condition la plus élevée, imitant d'ailleurs de très nobles exemples qu'elles ont sous les yeux, envoient et maintiennent leurs enfants, dès la première communion, dans ce Catéchisme de Persévérance où elles recevront, avec une instruction solide, une formation sérieuse à la piété.

Le Catéchisme de Persévérance a fourni aussi un nombre considérable de vocations ; ainsi, parmi les quarante premières associées, on en compte onze qui prirent l'habit religieux : cinq entrèrent au Refuge, une au Carmel, une à la Compassion, une à Notre-Dame, deux chez les Filles de la Charité, et la onzième, Caroline de Corneillan, est simplement mentionnée comme religieuse à Paris.

Le sacrement de l'Eucharistie est la principale dévotion du Catéchisme, la fête du Sacré-Cœur en est la fête patronale.

Trois ans à peine après son érection, le 15 septembre 1822, le Catéchisme de la Dalbade obtint la faveur d'être affilié à celui de Saint-Sulpice et de participer à ses indulgences et à ses privilèges. Pour jouir de ces privilèges, il était nécessaire que le Catéchisme affilié écrivît tous les ans une lettre de piété à celui de Saint-Sulpice. Cette condition est expressément imposée par le rescrit du Pape et par le *directoire* des associées. Mais le 11 juillet 1862, à la requête de l'abbé Bazi, vicaire de la paroisse et directeur du Catéchisme, un bref de Pie IX accorda en propre et à perpétuité au Catéchisme de la Dalbade les indulgences et privilèges déjà concédés à celui de Saint-Sulpice. Dès lors, les liens jusque-là très étroits qui avaient uni les deux Catéchismes se relâchèrent, et les communications n'existèrent plus.

Après l'abbé Bergé, la direction du Catéchisme fut remise aux vicaires de la Dalbade qui l'exercèrent sous la juridiction du curé. Le curé Taillefer de Laportalière crut devoir prendre pour lui cette charge, que ses successeurs ont retenue pour eux. Le 8 décembre 1884, la Congrégation de la Sainte-Vierge, érigée au sein du Catéchisme, obtint du Révérend Père Bek, par l'entremise de M. l'abbé Julien, curé de la Dalbade, son affiliation à la *Prima Primaria* de Rome, avec participation aux mêmes privilèges et mêmes indulgences. La fête de l'Immaculée-Conception devint la fête principale de la congrégation.

Le Catéchisme compte aujourd'hui cent soixante membres. Il a connu des jours plus prospères. Il forme des vœux ardents pour que toutes les jeunes filles de la Dalbade apprécient comme il convient les immenses services qu'il est à même de leur rendre.

XXVI

PATRONAGE SAINTE-CÉCILE

RAPPORT

Présenté par Mlle Anna DEDIEU

MEMBRE DU PATRONAGE.

Effrayé des dangers auxquels les jeunes filles sont exposées, surtout le dimanche, le clergé paroissial voulut leur procurer une sauvegarde, en établissant un Patronage où elles pourraient trouver un délassement pieux et récréatif.

Il en confia la direction aux Filles de la Charité, alors qu'elles avaient le bonheur d'être dans leur maison de la rue Saint-Jean.

C'est en janvier 1901 que deux Sœurs furent chargées de recevoir tous les dimanches, après les vêpres, les jeunes filles du Catéchisme de Persévérance et celles aussi qui, n'en faisant pas partie, désireraient trouver, non seulement jeux et distractions, mais encore conseils et encouragements pour la vertu.

L'œuvre se développant, elle comptait déjà environ soixante-dix jeunes filles, quand, au mois d'août 1903, l'ordre fut donné de fermer l'établissement des Sœurs de la Charité; les réunions du patronage se trouvèrent ainsi interrompues.

Mais en janvier 1904, dans les locaux de l'hôtel Saint-Jean, une vaste salle était préparée, non seulement pour y recevoir les enfants qui avaient déjà fréquenté le Patronage, mais encore pour y grouper autant que possible toutes celles que la persécution avait récemment arrachées à l'école chrétienne des Sœurs et celles aussi qui viendraient de l'école laïque.

Le but de l'œuvre étant de faire du bien, aucune distinction n'existe parmi ses membres, quelle que soit l'école qu'ils fréquentent.

Des jeux de toutes sortes sont mis à leur disposition; leur bonne conduite et leur assiduité leur obtiennent des récompenses et parfois une journée de promenade à la campagne.

Tous les dimanches, environ quatre-vingts jeunes filles, grandes, moyennes et petites, fréquentent les réunions du Patronage, fuyant les nombreux dangers auxquels elles seraient exposées et se récréant avec joie sous le regard maternel des bonnes Sœurs de la Charité, qui ne désirent que leur bonheur.

XXVII

PATRONAGE SAINTE-GENEVIÈVE

RAPPORT

Présenté par Mme MARCEILLE

DIRECTRICE DU PATRONAGE.

A notre époque, où la guerre est ouvertement déclarée à Dieu et à l'Église, où le mal et l'erreur partout triomphants s'attaquent avec acharnement aux âmes innocentes, il faut agir nous-mêmes pour soustraire à l'effroyable massacre les petits enfants dont la foi est en péril.

Tandis que les écoles libres, nombreuses, ne sont soutenues qu'au prix de tous les sacrifices, les œuvres post-scolaires, tout aussi utiles, prouvent leur opportunité par un travail incessant de préservation morale, en luttant avec avantage contre les mauvaises influences.

C'est de cette pensée que sont nés les Patronages.

Le Patronage du jeudi de la paroisse de la Dalbade fut créé en 1906. C'est le lendemain de la première communion que se réunirent pour la première fois une vingtaine de fillettes, dans un local de la rue de la Fonderie.

Peu à peu, le petit troupeau s'accrut ; les grandes amenèrent les petites sœurs, et, suivant le conseil qui leur fut donné par le directeur du Patronage, chacune tint à honneur de recruter tous les jeudis une nouvelle compagne, fière de se montrer aussi « apôtre » dans son milieu.

Nous avons aujourd'hui une cinquantaine d'enfants inscrites, et à chaque réunion il en vient en moyenne de trente à quarante.

Le Patronage s'ouvre à deux heures, et le premier soin est de faire la toilette du logis. Nos futures ménagères sont ainsi dressées, à tour de rôle, à l'art du balayage.

L'une prend un balai, l'autre un arrosoir, une troisième dresse dans un coin table, chaises et bancs et, après quelques instants de désordre et de poussière, tout revient en place, rentre dans l'ordre, et notre modeste local prend un aspect des plus engageants.

Précieuse fontaine, que de services tu nous rends ! Ce n'est pas seulement pour le nettoyage du parquet que l'on a recours à ton office ; mais que de figures d'une blancheur… douteuse, que de mains noires d'encre ou de charbon sont venues demander à ta source bienfaisante la propreté, qui n'est pas toujours la plus fidèle compagne !

Peu à peu, les bancs se garnissent.

— On ne travaille pas ? demande une voix timide.

— Mieux vaut aller se promener, réplique une de nos espiègles.

— Moi, je préfère l'aiguille à tout, reprend, si je ne m'abuse, une future couturière.

Tout le monde sera content ; les mains habiles confectionneront des sacs d'ouvrage, des tabliers ou des mouchoirs ; et les petites jambes pourront à leur aise tout à l'heure se délasser, au dehors, des longues heures de classe.

La lecture a lieu pendant le cours de couture. La formation religieuse et morale est notre unique objectif. Dans les leçons de chaque semaine, nous nous appliquons à mettre les enseignements de l'Evangile bien à portée des enfants, par des explications simples et familières, et nous nous attachons en même temps à former leur conscience au devoir et à la vertu.

Pour dérider les esprits, on lit ensuite une histoire d'où les enfants tirent elles-mêmes la morale. Ainsi on rectifie les idées erronées, on complète l'instruction sur quelques points, et, par un cours d'hygiène, on tâche de faire prendre à l'enfant des habitudes d'ordre et de soin, trop souvent négligées à la maison.

Et quand toutes les choses importantes ont été dites, le signal est donné : on enferme l'ouvrage, à genoux pour la prière, en rang pour le départ, et l'on sort en bon ordre, le panier du goûter à la main.

Le Parc toulousain nous prête l'hiver ses allées ensoleillées et désertes, et l'été l'abri de ses frais ombrages.

On revient toujours au Patronage après la promenade, car il s'agit alors de distribuer les bons points de présence et de sagesse, qui donneront lieu à la fin de l'année à des récompenses en rapport avec la somme de bons points mérités.

Il faut voir avec quelle anxiété chacune attend son tour; et quel chagrin lorsque le petit carton sur lequel est écrit le mot « sagesse » n'est pas décerné! On pleure, on crie quelquefois à l'injustice; mais les torts sont vite reconnus et les bons petits cœurs promettent une docilité parfaite à l'avenir.

Avant de se séparer, on met sous la protection de la sainte Vierge les bonnes résolutions qui viennent d'être prises, et l'on se dit au revoir pour le jeudi suivant.

Nous ne pouvons que nous louer des bons résultats obtenus depuis l'ouverture du Patronage.

L'exactitude, l'ordre, la propreté ont été, dès le début, inspirés à nos enfants comme qualités indispensables aussi bien au Patronage qu'ailleurs.

Nous leur avons fait comprendre encore, comme chose essentielle, l'esprit de fraternité qui doit toutes les unir ; et notre petit groupe ne formant aujourd'hui qu'une seule famille où tout le monde s'aime, il n'est pas rare de voir nos chères fillettes s'aider entre elles, se prêter divers objets, et pousser la générosité jusqu'à mettre en commun leurs goûters et se priver même, pour en donner à celles qui n'en ont pas.

Elles n'aiment pas seulement leurs compagnes ; de plus, elles prennent de l'affection pour « leurs dames » et la leur témoignent quelquefois d'une façon touchante, même dans la rue, quand elles les rencontrent. Leurs manifestations font la joie des passants !

Notre patronage étant placé sous l'égide de sainte Geneviève, le jour de sa fête se réunissent, pour une séance récréative, enfants et parents.

Des chants, des poésies, des projections expliquées, et surtout de sages conseils et des encouragements donnés à tout l'auditoire par le directeur de l'œuvre : tel est le programme de cette réunion précédée d'une messe dite spécialement pour nos enfants, par le prêtre qui veut bien s'occuper de notre œuvre ; nos fillettes, au grand complet, pour cette pieuse fête, prient, chantent et écoutent avec recueillement l'exposé des principes qui doivent diriger leur vie.

Plusieurs nous ont quittées pour l'atelier ; elles nous reviennent les jours de fête ou de chômage ; nous les revoyons même souvent dans l'intervalle du travail : nous sommes heureuses de pouvoir continuer notre rôle protecteur vis-à-vis de la jeune ouvrière, et toujours prêtes à lui prodiguer nos conseils et notre appui.

Pour réussir dans notre tâche, une chose surtout me paraît nécessaire : c'est qu'en même temps qu'on s'occupe de l'enfant, on s'occupe aussi de la mère. La mère est la gardienne naturelle de l'enfant, sans elle on ne pourra rien. Il faut donc agir sur elle en l'éclairant, la soutenant, l'avertissant.

Nous nous faisons donc un devoir et un plaisir de visiter les parents qui n'hésitent plus à nous donner leur confiance, secondant en tous points notre action.

La tâche entreprise ne serait point complète, si nous ne cherchions à faire des enfants confiées à nos soins, non seulement d'honnêtes ouvrières, de bonnes mères de famille, mais encore « l'apôtre » qui sera, dans ces masses populaires, le témoin, le prédicateur du Christ.

Travailler avec une patience inlassable sur l'âme neuve de l'enfant, en faire une âme droite, fortement trempée, entraînée à la lutte, à la conquête, c'est la principale mission que Dieu nous donne, pour travailler à la régénération de la famille et au relèvement de la patrie.

C'est donc en nous dévouant à l'éducation des jeunes générations, que nous préparerons à notre pays un peuple plus fort et plus chrétien, dont la conduite soit basée sur les grands principes qui lui auront été inculqués dès l'enfance.

XXVIII

MAÎTRISE PAROISSIALE

RAPPORT

Présenté par M. LAFFON,

MAITRE DE CHAPELLE.

Parmi les œuvres qui contribuent à faire de Notre-Dame la Dalbade l'une des plus intéressantes paroisses de Toulouse, il faut signaler la maîtrise paroissiale.

Elle fut établie en 1870 par le saint curé de Laportalière. A cette époque, le lutrin était placé au milieu du sanctuaire, autour d'un immense pupitre, sous la direction d'un excellent homme dont le nom n'a pas besoin de passer à la postérité et qui accompagnait les chants avec un ophicléide. Le curé de Laportalière acheta un harmonium; dès lors les chants furent mieux soutenus.

C'est au commencement de l'année 1875 que Mourlan, musicien distingué et compositeur de talent, prend la direction de la maîtrise et la conserve jusqu'à sa mort, survenue dans les premiers mois de 1888. C'est Mourlan qui, en 1876, inaugura l'orgue d'accompagnement, dû à la générosité du bon curé Taillefer de Laportalière. A la mort de Mourlan, le grand orgue de la Dalbade était en reconstruction, et le maître de chapelle remplissait également les fonctions d'organiste sur l'orgue de chœur. M. l'abbé Julien, alors curé de la Dalbade, fit appeler pour remplir ces doubles fonctions un artiste qui, à Toulouse et dans la région, a contribué pour une large part à la restauration de la musique sacrée, et plus particulièrement du chant grégorien. Cet artiste, c'est l'abbé Massip. Plus que tout autre, l'auteur de ce rapport a été à même de connaître et d'apprécier ce maître; pendant vingt-cinq ans, il a vécu avec lui pour ainsi dire côte à côte, et il doit à ses conseils d'avoir pris le goût du chant grégorien et de la musique vraiment religieuse.

Le grand orgue terminé et inauguré en novembre 1888, l'abbé Massip en prit possession, et l'auteur de ce rapport fut chargé de la direction de la maîtrise, qu'il a conservée jusqu'à ce jour.

La maîtrise paroissiale se compose d'environ vingt enfants pris à l'école libre. On les choisit parmi ceux qui manifestent du goût pour le chant et qui paraissent doués d'une bonne voix.

On remplit les vides (quelquefois, hélas! trop nombreux) qui se produisent tous les ans. Cette

année, en particulier, la maîtrise a été très éprou-
vée sous ce rapport. Sur dix-huit enfants qui
chantaient l'année dernière, cinq seulement sont
rentrés au mois d'octobre ; ç'a été un véritable dé-
sastre. Le grand travail du maître de chapelle consiste principalement dans la formation de la voix
des enfants, travail délicat. Bien rares sont les
enfants qui possèdent naturellement cette voix de
soprano, qui produit un si bel effet dans les chœurs
à voix mixtes. La culture de cette voix exige des
soins constants ; et ce n'est guère qu'après une
année de travail, que l'enfant arrive à rendre quelques services.

Les répétitions ont lieu à l'école, trois fois par
semaine, et souvent une répétition supplémentaire
se fait le dimanche matin après la messe. La répétition dure environ trois quarts d'heure, et, pendant ce peu de temps, les enfants doivent vocali-
ser, apprendre les éléments de la musique, ainsi
que les morceaux à exécuter : faux-bourdons, motets, etc.

Les chantres hommes, chargés d'assurer le service de l'église, sont au nombre de trois. Les jours
de grande fête, comme Noël, le Jeudi-Saint, Pâques, l'Ascension, la Pentecôte, le nombre de ces
chantres s'augmente de ceux de la Société chorale
du Cercle Saint-Cyprien, qui apportent à la maîtrise un concours précieux.

C'est avec ces éléments, imparfaits sous bien des rapports, que la maîtrise de la Dalbade est parvenue à exécuter très convenablement plusieurs œuvres de nos grands maîtres.

Dans ces huit dernières années, on a entendu notamment : la messe de sainte Cécile, un des chefs-d'œuvre de notre grand musicien Gounod ; la messe dite : Aux Cathédrales, du même auteur ; des messes et motets de Th. Dubois ; une messe de Perosi. On n'a pas oublié l'exécution des Sept Paroles du Christ, chantées deux fois avec un égal succès, et celle du *Stabat*, de Salvayre, œuvre remplie de difficultés.

L'accompagnement du grand orgue, habilement combiné par notre organiste, a donné à ces œuvres une intensité et une majesté qu'aucun orchestre ne saurait surpasser.

La maîtrise a exécuté également des fragments de *Rédemption* et de *Mors et Vita*, de Gounod, ainsi que d'autres motets de différents auteurs, tels que : Beethoven, Haydn, Mozart, Caspar-Ett, J.-S. Bach, Kassner, Guilmant, etc. Plusieurs de ces morceaux, exécutés avec l'accompagnement des deux orgues, ont produit un très grand effet et fait frissonner les auditeurs.

Parmi les cérémonies marquantes de ces dernières années, il y a lieu de signaler la fête des Vocations sacerdotales, présidée par Monseigneur l'Archevêque, ainsi que le *Triduum* solennel, en l'honneur des martyrs dominicains du Tonkin où, pendant trois jours, une nombreuse assistance, venue de tous les points de la ville, a pu apprécier la manière dont les fêtes religieuses sont célébrées dans l'église de la Dalbade.

Daigne la divine Providence nous permettre de célébrer longtemps encore beaucoup de ces fêtes, qui sont l'honneur de la maîtrise de la Dalbade et procurent la plus grande gloire de Dieu!

TROISIÈME SÉANCE DE TRAVAIL

Présidée par M. ASSIEU,

VICAIRE GÉNÉRAL.

Samedi 7 Mars, 9 heures 1/2.

ŒUVRES CHARITABLES ET SOCIALES

XXIX

Association des Hommes chrétiens de Toulouse

RAPPORT

Présenté par M. l'Abbé MONTILHET

DIRECTEUR DE L'ASSOCIATION.

Etablie depuis déjà longtemps sous le vocable et le patronage de l'Apostolat de la Prière, cette œuvre, dont le siège est sur la paroisse N.-D. la Dalbade, place du Salin, 19, cherche à grouper les hommes de la ville, pour qu'au contact les uns des autres ils deviennent plus chrétiens et plus apôtres.

Les chrétiens, aujourd'hui surtout, ont besoin de se connaître, de fusionner, de prendre conscience de leur nombre et de leur force, de s'armer de courage contre le funeste exemple des désertions, contre les railleries et les persécutions dont la foi catholique est l'objet.

Voilà pourquoi, le troisième dimanche de chaque mois, on convoque les hommes à une messe, comme on convoque, à des manœuvres d'ensemble, des troupes dispersées.

Ces réunions ont lieu tantôt dans une église et tantôt dans une autre, et l'œuvre est toute paroissiale en ce sens qu'elle tient toujours ses réunions dans une église paroissiale. Si elle compte des associés dans toute la ville, et qu'elle les invite à une réunion commune, ce n'est qu'un dimanche par mois, et nullement au détriment de l'esprit paroissial. MM. les curés le savent si bien qu'ils entourent l'œuvre de leur sympathie et qu'ils se réjouissent de voir leurs chrétiens aller retremper leur courage au contact des autres chrétiens de la ville, entendre la messe avec eux et communier avec tous, quand ils n'auraient peut-être pas le courage ou du moins l'idée de le faire seuls dans leur paroisse.

C'est qu'en effet ces messes sont une victoire sur le respect humain. On s'y confesse, on y communie, on y prie à haute voix, on y chante sans aucune crainte d'être remarqué, l'église étant pleine d'hommes ; et ceux qui ont vu ces réunions savent le cachet tout spécial de piété qu'elles revêtent, l'impression profonde que produit cette foule d'hommes chantant le *Credo* et se pressant à la sainte Table.

Mais l'Apostolat ne se contente pas de rendre ses adhérents plus chrétiens, en leur donnant l'occasion de se voir et de communier ; il les rend apôtres en leur faisant exercer l'apostolat de l'exemple.

Les messes d'hommes montrent à tous qu'il y a encore des chrétiens, qu'il n'y a pas que des femmes à fréquenter les églises et les sacrements ; l'exemple d'hommes qui prient et communient est nécessaire, surtout dans les faubourgs, pour encourager les timides et ranimer les indifférents. De fait, il n'est pas rare que plusieurs demi-chrétiens, qui n'ont pas osé faire les Pâques dans leur église vide d'hommes, y soient déterminés par une des messes de l'apostolat.

A côté de l'apostolat de l'exemple, l'Association des hommes chrétiens donne, par son organisation, un appui efficace aux œuvres paroissiales d'hommes. Partout ses associés sont les plus zélés, les plus dévoués aux œuvres dans les paroisses, les plus prompts à répondre à l'appel de leur curé.

C'est ainsi qu'à Saint-Etienne, Saint-Sernin, N.-D. la Daurade, Saint-Aubin, l'œuvre a contribué puissamment à organiser, sinon organisé elle-même, des messes mensuelles d'hommes. Quand l'Union paroissiale de Saint-Etienne a voulu se constituer, c'est sur l'œuvre des hommes chrétiens et sur ses cadres qu'elle s'est appuyée tout d'abord.

L'œuvre des hommes s'est préoccupée, en effet, de se choisir dans chaque paroisse un bureau, des chefs de quartier, des chefs de rue, et elle continue activement ce travail d'organisation dans chaque paroisse. Qui ne voit que ces troupes et ces cadres, une fois formés, peuvent servir à la constitution d'une union paroissiale ; que les dizeniers de l'Association peuvent être les dizeniers de l'union paroissiale, des hommes habitués au dévouement, qui connaissent leur rue et la travaillent pour tout bien ; qu'ils sont enfin entre les mains du curé un état-major par lequel il conservera ses fidèles et ramènera ceux qu'il ne peut atteindre directement. Les cadres de l'Apostolat peuvent servir à l'union paroissiale, sans qu'aucune des deux œuvres ne souffre dans son autonomie, comme une gare sert aux trains de deux compagnies ; et l'œuvre des hommes chrétiens ne peut être qu'une réunion fédérale mensuelle des unions paroissiales d'hommes.

L'œuvre a organisé quelques institutions à 'usage de ses associés : elle leur a obtenu chez divers fournisseurs une réduction variant de 10 à 40 %, elle a établi un bureau de placement, un .cours de comptabilité, etc.

XXX

MAISON DE CHARITÉ DE LA DALBADE

La Maison de Charité de la Dalbade a été fondée le 10 juin 1768 par M. Esparron, curé de la Dalbade. Avant lui, un vénérable prêtre, le Père Fauré, qui avait eu le loisir de contrôler, dans des paroisses voisines, le dévouement des Filles de la Charité, avait consacré la plus large part de sa fortune et d'autres réserves charitables au futur établissement de ces religieuses dans la paroisse. Peu satisfait d'avoir été le premier bienfaiteur des Filles de la Charité à la Dalbade, il mit tout son zèle à provoquer, en leur faveur, des libéralités plus grandes que les siennes.

Trente-quatre ans s'écoulèrent entre la mort du Père Fauré et la fondation sur la paroisse d'un établissement charitable, qui reçut le nom très significatif de Bouillon des pauvres.

L'existence et le fonctionnement de cette œuvre

étaient assurés. Il ne restait qu'à lui procurer le concours, depuis si longtemps désiré, des Filles de Saint-Vincent-de-Paul.

Tout étant prêt pour loger et entretenir au moins trois Filles de la Charité, le curé François Esparron les demanda à leur supérieur.

A ce bon prêtre revient donc l'honneur de les avoir définitivement installées dans leur office. Le contrat que passa la paroisse avec la supérieure générale des Filles de la Charité, sœur Hénard, porte la date du 10 juin 1768. Quand cette convention fut signée, trois Sœurs partirent de Paris et se rendirent à la Dalbade. A peine installées, elles se mirent à préparer et à distribuer le bouillon des pauvres ; et la femme Forest, qui avait été chargée de ce service avant l'arrivée des Sœurs, reçut du Bureau, à titre de dédommagement, deux marques de pain par semaine.

Le bien se faisait lorsque éclata la Révolution. Afin de ne pas abandonner leur œuvre et de pouvoir secourir les pauvres, les sœurs quittèrent l'habit, mais restèrent dans la maison tant que dura la tourmente. Quand elle fut calmée, elles visitèrent les pauvres à domicile, en distribuant des aumônes qui leur étaient faites par des personnes charitables.

Vers l'année 1820, voyant la nécessité d'instruire les petites filles pauvres de la paroisse, une école s'ouvrit, et deux sœurs de Paris vinrent s'adjoindre aux trois autres.

Quelques années plus tard, un généreux bienfaiteur fit don d'une maison à l'angle des rues Saint-Remésy et Saint-Jean. Sœur Bellier, supérieure, et sœur de Tredern qui la remplaça dans sa charge, organisèrent cette maison pour recevoir une cinquantaine d'orphelines qui, sous leur direction, apprenaient le repassage, la couture et les soins du ménage ; les enfants devaient rester jusqu'à vingt et un ans, et, à leur sortie, elles recevaient une petite somme d'argent, un trousseau complet et étaient capables de gagner leur vie.

Un nouveau besoin se faisait sentir ; les deux classes déjà établies devenaient insuffisantes, il fallait agrandir les locaux. Sœur de Tredern, alors supérieure, organisa avec ses deniers personnels deux classes en plus, tant les enfants devenaient nombreuses.

L'instruction religieuse a toujours eu la première place, et quand le vénéré Monseigneur Desprez établit les concours des catéchismes, c'est une enfant des sœurs qui obtint la première médaille. Celle-ci fut suivie de bien d'autres, sans compter les diplômes qui tous les ans étaient nombreux. L'instruction religieuse n'a jamais fait négliger les autres sciences ; la preuve en est évidente par les succès obtenus aux divers examens, soit de l'Etat, soit de l'Institut; on comptait en moyenne une trentaine de certificats ou de diplômes tous les ans. On apprenait encore aux enfants le travail manuel; et plusieurs en quittant l'école pouvaient se présenter dans des ateliers, ayant presque fait l'apprentissage.

A la même époque, une salle d'asile ou école maternelle devenait nécessaire pour recevoir les enfants des deux sexes jusqu'à six ans. Elle fut ouverte. Qui dira ce que cette école a rendu de services aux parents? Les enfants étaient entourés de soins maternels; de plus, ils apprenaient les premiers éléments de la religion, la lecture, l'écriture et le calcul. Les œuvres étaient prospères dans cette chère maison de la rue Saint-Jean, les enfants étaient instruits, les pauvres visités et soulagés, lorsque, le 15 octobre 1903, l'établissement, par décision du Bureau de bienfaisance, fut fermé et les œuvres anéanties.

Quelques Sœurs sont restées sur la paroisse, dans un modeste appartement, d'où elles continuent de visiter les malades à domicile et de distribuer les aumônes qui leur sont confiées, en attendant que la divine Providence ramène des jours meilleurs.

XXXI

ŒUVRE DES VIEILLARDS DÉLAISSÉS

RAPPORT

Présenté par Mlle RODIÈRE

ZÉLATRICE DE L'ŒUVRE.

L'œuvre des Vieillards délaissés ne doit-elle pas avoir sa petite place dans ce congrès? Cette œuvre ne se rattache-t-elle pas par plus d'un lien à la paroisse Notre-Dame la Dalbade?

Son histoire est connue. C'est en 1886 que trois jeunes ouvrières de Toulouse, touchées de la détresse physique et morale de quelques vieillards, — qui n'avaient pas pu, ou qui n'avaient pas voulu, être admis dans les hôpitaux, — prirent la résolution de consacrer leurs moments libres au soulagement de ces délaissés. Sous l'impulsion du R. P. Sécail — auquel la paroisse de la Dalbade rendit si magnifiquement les derniers honneurs — l'œuvre grandit et se développa. MM. les curés des paroisses de Toulouse, Leurs Eminences les cardinaux Desprez et Mathieu, et S. G. Monseigneur Germain ne lui ont pas ménagé leurs encouragements et leurs bénédictions. Enfin N. S. P. le pape Pie X a donné à l'œuvre le titre d'*Archisodalité*, avec pouvoir d'agrégation, et [a accordé à tous ses membres de précieuses indulgences.

Ce fut bientôt par centaines que l'on compta à Toulouse les vieillards qui recevaient la visite d'une charitable ouvrière.

La paroisse de la Dalbade ne demeura pas étrangère à ce mouvement : l'œuvre avait à peine un an d'existence que déjà de jeunes ouvrières, paroissiennes de la Dalbade, demandaient leur admission et commençaient leurs visites de charité à des vieillards de la paroisse. Une dizaine fut bientôt formée, puis une seconde, puis une troisième ; enfin le nombre des dizaines a varié entre quatre et cinq. Il y a donc quarante à cinquante ouvrières visitant de quarante à cinquante vieillards environ.

Et, dans ces visites, que de traits touchants à consigner, du dévoûment affectueux des ouvrières, de la reconnaissance naïve des vieillards, de l'apostolat fécond exercé !

Je ne résiste pas au désir de citer un trait, un seul, qui a pour héroïnes des paroissiennes de la Dalbade. Une pauvre vieille de la paroisse, âgée de quatre-vingt-neuf ans, vivait ou plutôt se mourait dans un affreux réduit. Sa misère, ses souffrances l'avaient aigrie et rendue hautaine : elle ne supportait pas sans une répugnance marquée les visites que lui faisaient, avec grande délicatesse cependant, les dames de charité, et souvent, par fierté, elle refusait leurs secours. Il est inutile d'ajouter que son âme était plus malade que son corps, comme il arrive souvent quand l'épreuve n'est pas reçue chrétiennement. Et malgré cet éloignement de Dieu et des hommes, une personne, une seule, avait ses entrées libres, elle seule était accueillie avec une joie non dissimulée : c'était la petite visiteuse envoyée par l'œuvre des Vieillards. Cette enfant pieuse, patiente, dévouée, discrète, finit par conquérir le cœur de sa vieille, qui devint ouverte et confiante, et, mieux encore, chrétienne. La bonne vieille voulait attendre les fêtes de Pâques pour rentrer en grâce avec Dieu ; l'ouvrière imposa doucement sa volonté, hâta l'heure de la réconciliation et ménagea ainsi à sa protégée une heureuse mort.

Combien de traits semblables l'œuvre des Vieillards a-t-elle eu la consolation d'enregistrer sur la paroisse de la Dalbade, aussi bien que dans les autres paroisses de la ville !

Disons, en terminant, qu'il fallait à l'œuvre un foyer où les dizainières et les visiteuses pussent réchauffer leur charité et leur zèle. C'est à l'ombre du clocher de la Dalbade, à l'hôtel Saint-Jean, que sont invités à se rendre chaque mois les membres de l'œuvre appartenant aux différentes paroisses de la ville.

Que Notre-Dame la Dalbade veuille bien amener à l'œuvre un plus grand nombre de jeunes dévouements et lui continuer ses maternelles bénédictions, pour la gloire de son divin Fils et le plus grand intérêt moral et matériel des vieillards.

XXXII

ŒUVRE DU VESTIAIRE DES PAUVRES

RAPPORT

Présenté par Me Henri de LAPASSE

PRÉSIDENT DE L'ŒUVRE.

L'œuvre du Vestiaire des pauvres de la Dalbade fonctionne d'une façon fort simple ; ses statuts sont peu compliqués : de la bonne volonté, de la cordialité, de la charité ; un peu d'argent, mais assez peu pour que les fonctions de trésorière soient faciles à remplir ; pas de zélatrices, tous les membres le sont ; une présidente, pour l'ordre qui (je dois le dire) n'a encore jamais été troublé.

En 1879, Mme Maguès et Mme de Bazelaire, paroissiennes zélées de la Dalbade, eurent la bonne pensée de se réunir et de travailler ensemble pour les pauvres de la paroisse, particulièrement pour les vieillards sans secours : de là naquit l'idée de grouper autour d'elles des dames de bonne volonté, sous la protection de M. de Laportalière, ce saint et vénéré curé, dont le zèle et le dévouement ont doté la Dalbade de si importantes restaurations, de si belles et utiles créations. M. de Laportalière avait trop à cœur le bien dans sa paroisse, pour ne pas approuver toute initiative propre à le réaliser : il encouragea l'œuvre naissante, qui ne tarda pas à prospérer.

Dès la première année, de nombreuses adhérentes répondirent à l'appel des fondatrices : quarante-sept ouvrières furent inscrites, parmi lesquelles Mme Courtois de Viçose et Mme de Labruyère, qui, bien que n'appartenant pas à l'Eglise catholique, vinrent offrir leur travail dans ce but de charité. L'élan était donné ! L'œuvre fut mise sous la protection de saint Joseph, que l'on invoque au début et à la fin des séances, et installée dans une salle de Mac-Carthy, mise à la disposition des ouvrières volontaires des pauvres.

Tous les mardis, de une heure à quatre heures, a lieu la réunion du travail, que M. le curé honore, de temps en temps, de sa visite bienveillante et encourageante. Cette réunion fut, à son début, présidée par Mme Maguès, bien désignée pour ce rôle par la place honorable que sa famille occupait dans la paroisse, ses qualités personnelles et le don qu'elle avait d'attirer à elle les enfants par son sourire, les pauvres par sa charité, tous par son aménité. Mme de Bazelaire accepta les fonctions de trésorière, qu'elle remplit tout le reste de sa vie avec son activité infatigable. Toutes deux avaient à cœur l'amour de Dieu et du prochain, du pauvre surtout : elles attiraient à l'ouvroir par un accueil plein de charme. L'esprit particulièrement alerte et toujours jeune de Mme de Bazelaire animait les réunions du mardi du plus joyeux entrain.

Le 19 mars, fête de saint Joseph, une messe solennelle est célébrée à la Dalbade par le clergé paroissial, suivie de la bénédiction du Très Saint-Sacrement et d'une quête destinée aux costumes de première communion des enfants indigents. Cette quête est une des ressources de l'œuvre, qui reçoit en outre de chaque ouvrière une cotisation de 10 francs par an. Les jeunes filles qui accompagnent leur mère à l'ouvroir ne donnent aucune cotisation, rien que leur adresse et leur bonne volonté : la plupart, à l'occasion de leur mariage, offrent un cadeau en nature ou argent ; quelques associées défuntes ont laissé un souvenir.

On accepte avec reconnaissance des ouvrages faits au dehors par des personnes charitables, qui emploient leurs loisirs des vacances à vêtir les enfants pour l'hiver. Les vêtements confectionnés sont distribués par les Sœurs de Charité, qui mieux que personne connaissent les besoins des plus nécessiteux ; cependant chaque dame peut réclamer quelques objets pour ses pauvres particuliers.

Depuis que, par la persécution religieuse, les écoles sont à la charge de la paroisse, le travail du vestiaire a un peu changé de destination. Créé particulièrement pour les vieillards, il vient en aide à présent aux écoles et à l'asile. Cette année, au jour de l'an, les dames de l'œuvre ont eu la satisfaction d'envoyer à Mlle Bertrand, si dévouée aux œuvres scolaires :

48 jupons ;	15 chemises ;
48 paires de bas ;	30 tricots ;
36 tabliers ;	9 pèlerines ;
54 culottes ;	4 bérets ;
65 fichus ;	

de quoi lutter, de bien loin, hélas ! avec les prodigalités de l'école laïque.

L'œuvre du Vestiaire des pauvres fonctionne ainsi depuis vingt-huit ans, avec, chaque année, plus ou moins de ressources ; mais, grâces à Dieu, elles n'ont jamais manqué. Nous demandons à la Providence qu'elle les maintienne et fasse prospérer l'œuvre de plus en plus, dans l'esprit de cordiale charité qui la créa, dans la paroisse de la Dalbade.

XXXIII

LIGUE PATRIOTIQUE DES FRANÇAISES

RAPPORT

Présenté par Mlle DE JAYBERT

DIRECTRICE DE PAROISSE.

Qu'est-ce que la Ligue patriotique des Françaises ?

C'est l'union des chrétiennes, de toutes conditions sociales, qui s'indignent du mal fait à notre pauvre patrie par les francs-maçons et leurs alliés, conscients ou inconscients. Ces chrétiennes veulent, par tous les moyens dont elles disposent, sans sortir de leur milieu ni outrepasser leur rôle, défendre leurs croyances et leurs libertés.

La Ligue se place uniquement sur le terrain religieux, au-dessus et en dehors de tout parti politique.

Son programme enjoint à ses membres « d'être

partout les auxiliaires humbles, dociles et zélées de l'épiscopat et du clergé ».

Le but qu'elle se propose est celui-là même que N. S.-P. le pape Pie X donnait, dès son avènement, à l'Eglise entière : tout restaurer dans le Christ.

Elle travaille donc à rétablir en France l'ordre social chrétien, tenant pour bon tout ce qui tend à le ramener, et pour mauvais tout ce qui le détruit ou l'affaiblit. Sa prière est celle du *Pater* : *Adveniat regnum tuum.*

Ses moyens d'action sont multiples et divers, comme les milieux mêmes où peuvent se produire ses groupements. Mais partout elle s'attache à instruire, à éclairer, en s'adressant aux femmes, dont l'influence au foyer peut être si heureuse quand elle a le bien pour principe et pour objet.

Pour répandre la vérité et combattre l'erreur, la Ligue multiplie partout les conférences et propage le plus possible les tracts et les bons journaux. Elle s'efforce, d'ailleurs, de donner de l'extension à toutes les bonnes œuvres.

Nombreux et précieux sont les encouragements qu'elle a reçus de la part de l'épiscopat. Qu'il nous soit permis de citer celui qui, entre tous, est sa force et son honneur :

*Lettre adressée, au nom de S. S. le pape Pie X,
par S. Em. le Cardinal secrétaire d'État, à
Mme la baronne Reille, présidente de la Ligue
patriotique des Françaises, le 30 septembre 1907 :*

MADAME LA BARONNE,

J'ai reçu l'exemplaire du compte rendu du Congrès en
1906 de la *Ligue patriotique des Françaises à Lourdes*, dont vous avez bien voulu me faire hommage, et je
vous en remercie.

Il m'a fait constater une fois de plus le caractère éminemment apostolique et social de votre association. Les
cinq cent cinquante comités de la Ligue attestent un développement très incessant de cette œuvre, bien fait pour
vous encourager et pour donner un gage d'espérance en
l'avenir de votre cher pays. Le Saint-Père a beaucoup
agréé la déclaration par laquelle vous avez voulu vous
offrir comme les « auxiliaires humbles, dociles et zélées
de l'épiscopat et du clergé ».

Les nombreux témoignages d'évêques vous ont prouvé
que vos vœux étaient agréés aussi par l'épiscopat. Tout
en maintenant les cadres et les groupements de votre
association, rattachés les uns aux autres dans une union
qui fait leur force, vous savez répartir les plus précieux
concours entre les œuvres diverses de l'Église de France.

Du vénérable cardinal de Paris, d'un grand nombre
d'évêques, vous avez reçu les plus bienveillants encouragements. Le Saint-Père, qui vous a déjà manifesté

toute la satisfaction que Lui donne votre grande œuvre, se réjouit de ses progrès. Il fait des vœux pour que la Ligue prenne un essor de plus en plus grand. La netteté de son programme, la fin qu'elle se propose, ses méthodes de propagande, les moyens qu'elle emploie dans ses œuvres, le patronage des évêques, la présence d'un aumônier dans son conseil de direction, accrédité par S. E. le cardinal de Paris, sont autant de garanties de son caractère apostolique, en dehors de toute action politique. Le Saint-Père vous approuve et vous engage à poursuivre avec confiance la tâche entreprise pour le bien de l'Église et de la France.

Ces conditions ne peuvent qu'attirer de plus en plus la sympathie et le concours des femmes chrétiennes, des membres des associations religieuses, qui trouveront, en s'y dévouant, une heureuse application de l'esprit d'apostolat.

Vous préparez un nouveau Congrès, pour le mois d'octobre prochain, dans les mêmes conditions que l'an dernier.

En vous félicitant de ce zèle, Sa Sainteté vous adresse les plus complets encouragements et vous accorde la Bénédiction apostolique, ainsi qu'à toutes les femmes chrétiennes de France qui y prendront part.

Agréez, Madame la Baronne, l'assurance de mes sentiments dévoués en Notre-Seigneur.

Signé : R. Cardinal MERRY DEL VAL.

La Ligue patriotique des Françaises a été établie en 1902. Son organisation est des plus simples. Etroitement uni au secrétariat central, chaque comité local conserve la plus grande liberté d'action et reste juge des moyens de propagande à employer dans sa région. Il y a par département un comité, dont le siège est au chef-lieu, et auquel se rattachent les sous-comités des arrondissements.

Celui de Toulouse, ayant à sa tête la présidente du département, est composé de toutes les directrices de paroisses, désignées sous le nom de dames de paroisses; et nous voici arrivés à ce qui concerne spécialement la Dalbade.

Il y a été établi par la Ligue, place du Salin, 19, une salle de lecture gratuite pour les hommes. Le succès de cette institution va toujours croissant.

La Ligue compte sur la Dalbade soixante-dix-huit adhérentes, donnant une cotisation dont le taux n'est pas fixé, mais qui commence à 25 centimes.

Vingt-six déléguées de rues, qui doivent chercher à recruter dans la paroisse de nouvelles adhérentes à la Ligue, reçoivent tous les mois, de la dame de paroisse, le petit *Écho de la Ligue*, qu'elles lisent avec le plus vif intérêt et donnent ensuite à lire autour d'elles. Leur action, discrète mais continue, doit s'exercer partout où elles ont quelque influence, pour empêcher la lecture de *la Dépêche* condamnée par les évêques du Sud-Ouest, et la remplacer par celle du bon journal. En outre, il leur est recommandé de seconder, dans la mesure de leurs forces, le clergé paroissial, en l'informant des faits qui pourraient solliciter son ministère.

Nous ne croyons pas trop augurer du zèle des déléguées de rues et de tous les membres de la Ligue en affirmant, qu'avec la grâce de Dieu et pour sa gloire, elles travailleront de tout leur cœur au succès de la mission paroissiale qui se prépare.

XXXIV

ŒUVRE DE LA BONNE PRESSE

RAPPORT

Présenté par Mlle ASTRIÉ

DIRECTRICE DE L'ŒUVRE DANS LA PAROISSE.

En considérant avec terreur le mal qui grandit comme une marée montante, les esprits sérieux n'ont point de peine à reconnaître que la question de la presse est la plus importante de toutes, et que là est la solution du problème social et religieux.

L'homme pense, apprécie, se laisse guider dans sa vie politique par les idées du journal, dont il accepte aveuglément la direction.

L'ouvrier, sous l'influence de cette lecture quotidienne, est envahi par la haine du riche, du patron, du prêtre surtout, et il écoute, émerveillé, les théories fantaisistes de ceux qui se servent du peuple pour arriver au pouvoir. En lisant ces pernicieux mensonges, une fièvre d'impiété gagne les travailleurs. S'il n'y a plus de maître... encore moins y a-t-il un Dieu !... aussi la religion est-elle bannie du foyer. La mère de famille elle-même perd la foi en lisant les romans obscènes qui s'étalent tous les jours dans les mauvaises feuilles ; elle ne veut plus, elle ne sait plus apprendre la prière à ses petits enfants. Aussi l'école chrétienne est-elle abandonnée pour l'école laïque, où l'on cultive l'esprit de ces petits êtres en oubliant qu'ils ont une âme !...

Si l'on considère seulement dans notre région la propagande acharnée faite par *la Dépêche*, ce journal impie qui attaque Dieu et ses ministres, on ne peut être surpris de voir les églises désertées, les choses saintes ridiculisées par les enfants eux-mêmes.

La diffusion de la mauvaise presse a déchristianisé la France et, par cela seul, l'a désorganisée. Nous ne voulons pas entrer dans des considérations qui dépasseraient les bornes de ce modeste rapport, il nous suffit de remarquer que la lecture des mauvais journaux a produit des élections désastreuses et a jeté dans l'âme du peuple ce ferment de révolte qui effraye même les plus optimistes.

Ce sont ces inquiétudes qui ont inspiré aux catholiques la pensée de propager les bons journaux. Ils s'y sont dépensés dans la mesure de leurs convictions et ont obtenu des résultats surprenants.

Tout en respectant les feuilles de toutes nuances, à la condition qu'elles aient une étiquette vraiment catholique, on a choisi *la Croix* pour combattre les principes antichrétiens.

Nous lisons dans le manuel de propagande de *la Croix* quotidienne : « La propagande de *la Croix* est un véritable apostolat, car elle a pour but, non seulement de combattre une politique néfaste et sectaire, de faire donner le pouvoir à des hommes qui travaillent avec compétence à la grandeur morale et matérielle de notre pays, mais elle veut surtout transformer les esprits et conquérir les âmes à Notre-Seigneur Jésus-Christ.

« *La Croix* est un journal d'union qui cherche à grouper les catholiques et à effacer les nuances qui les divisent. La propagande de *la Croix* est donc une œuvre, elle est la moins coûteuse, et, nous osons le dire, la plus efficace de toutes les œuvres, en même temps qu'une des plus urgentes. »

Convaincus de ces vérités, les prêtres ont propagé *la Croix* dans les campagnes et dans les villes. Si Toulouse a dans cette croisade une place de choix, notre paroisse a eu l'honneur d'être une des premières à propager les bons journaux. Le 7 novembre 1905 une conférence, présidée par notre pasteur, nous était donnée par M. l'abbé Calot, un ami dévoué de *la Croix*. Dans cette réunion, où l'élite de la paroisse était groupée, le conférencier, après avoir parlé, avec son âme d'apôtre, de la nécessité de la bonne presse, nous indiquait les moyens de la propager. Il s'agissait de trouver des zélatrices, de leur partager les rues de la paroisse, de leur demander d'obtenir elles-mêmes des abonnements. La chose était pleine de difficultés, et il fallait compter sur le dévouement de l'auditoire pour lui adresser une telle requête. La réponse fut des plus consolantes, et quelques jours plus tard, deux cents familles recevaient *la Croix*. Ce chiffre semblerait encore très faible, si on ne savait que *l'Express*, le meilleur journal de notre ville, est reçu dans la plupart des maisons de la paroisse. Nous ne voulons pas, certes, le détrôner et nous sommes heureux de noter au passage que nous lui devons notre chronique locale. C'est donc à ceux qui lisent les mauvaises feuilles que nous nous adressons *seulement*. Le nombre des abonnés à *la Croix* s'est longtemps maintenu, puis a insensiblement baissé, par des circonstances indépendantes de la volonté de ceux qui étaient chargés de la diffusion de la bonne presse.

Grâce au désir et au zèle du clergé de la paroisse, à la bonne volonté des fidèles, cette œuvre va prendre un nouvel essor. Une propagande des plus actives sera faite avant l'heure où l'opinion de chacun aura à s'affirmer. Nous l'annonçons avec joie et nous en bénissons Dieu.

XXXV

SALLE DE LECTURE POPULAIRE

RAPPORT

Présenté par M. l'Abbé LAFON

directeur de l'œuvre.

La lecture d'un tract de l'Action populaire de Reims et d'un article de la *Croix* de Paris sur ce mode de bienfaisance populaire décida, en juin dernier, quelques personnes zélées à doter la ville de Toulouse d'une salle de lecture populaire sur la paroisse de la Dalbade, 19, place du Salin.

Les premières salles de lecture populaire ont été créées à Rennes en 1906. Depuis, elles se répandent rapidement dans la France entière. Leur fondateur, M. Bertin Bouvet, n'a fait qu'importer en France l'institution des *Public Library* créées, en Angleterre et en Amérique, par le milliardaire philanthrope Carneggie.

Qu'est-ce qu'une Salle de lecture populaire ? C'est un local confortable, situé de plain-pied sur une rue, une place fréquentée, dans lequel entrent librement et gratuitement les passants pour lire les affiches, les tracts, les journaux, les revues qui y sont mis à leur disposition, écrire leur correspondance ou simplement se reposer.

L'accès facile de la salle n'en fait cependant pas un rendez-vous de gens sans aveu; car la salle a une gardienne, et le public qui la fréquente y fait lui-même la police.

Ce public, c'est d'abord les passants, élément variable, qui toute la journée s'arrête à regarder les tracts, les affiches, les articles de journaux, les gravures des revues illustrées, et le soir lit les dépêches arrivées dans la journée. Ce public, c'est ensuite les gens du quartier : ouvriers, employés, patrons, rentiers, quelquefois des femmes qui viennent renouveler là leur provision de romans honnêtes.

Les organisateurs de salles de lecture populaire sont des amis du peuple, qui, eux au moins, comme les politiciens français, ne le bernent pas de belles paroles, mais l'aident efficacement de leurs actes : argent, journaux, revues, livres, local, lumière, chaleur, sont mis gratuitement à sa disposition. Ici, à Toulouse, c'est la Ligue patriotique présidée par Mme la Comtesse de Villèle, qui a bien voulu en prendre la charge, après que quelques prêtres en eurent fait le premier aménagement : bibliothèques, vitrines, tables, chaises, livres.

L'esprit de cette salle de lecture populaire est large, impersonnel, indépendant. Sont exclus seulement les journaux, revues, livres qui porteraient atteinte à la morale, à la religion ou au patriotisme, et ceux qui attiseraient les haines et les passions. Sont admis tous journaux, toutes revues honnêtes.

Le but poursuivi par les organisateurs est d'une haute portée sociale :

1° Déshabituer le peuple du cabaret ; par là, combattre l'alcoolisme ;

2° Lui procurer de saines lectures ; par là, lutter contre la pornographie et les crimes passionnels ;

3° Lui permettre de parfaire son instruction, de se tenir au courant de l'activité humaine ; par là, le maintenir à une place honorable dans le monde ;

4° Lui apprendre à discerner l'erreur de la vérité, ses amis de ses ennemis ; en un mot, à se bien conduire.

Le succès de la Salle n'a fait que grandir depuis le jour de son ouverture, le 3 novembre dernier, où, devant les membres de l'Etoile, elle fut bénite par l'abbé Gaillard. Il est tel que, de toutes les paroisses de la ville, de la campagne même, des départements voisins, on demande leur multiplication. Il est tel que le local devient tous les jours, et tous les soirs surtout, absolument insuffisant, au point que l'on a songé sérieusement à déplacer son siège social. Une aumône de 600 francs en permettrait le transfert immédiat. Ce bienfait, on l'attend. La bonne Providence, qui veille sur Toulouse et la Dalbade et cette petite salle, l'enverra à son heure ; nous le croyons, nous l'espérons.

Le succès est tel que livres, journaux, revues ne suffisent pas aux demandes, aux lecteurs, quoiqu'on y trouve plus de quarante journaux et quelques grandes revues, comme les *Études*, *le Correspondant*, *la Revue des Deux-Mondes*...

Au reste, vous tous qui m'écoutez ou qui me lirez, allez plutôt visiter vous-mêmes ; et si vous trouvez que quelque chose y manque — hélas ! oui, beaucoup de choses y manquent — offrez de l'envoyer et on acceptera avec reconnaissance.

Et le budget annuel de la Salle populaire ! Le budget de location, une dame de Gaillac l'a pris sur elle ; le budget de premier établissement, deux ou trois prêtres l'ont pris à leur charge ; le budget de fonctionnement, les dames de la Ligue ont bien voulu en assumer une grosse part ; le budget de perfectionnement si à souhaiter, paroissiens généreux de la Dalbade, vous y pourvoirez. Car, sur ce point, si vous excitez l'envie, vous excitez aussi l'admiration des autres paroisses.

XXXVI

SOCIÉTÉ DU PRÊT CHARITABLE ET GRATUIT

Fondée à Toulouse en 1828

RAPPORT

Présenté par M. DASTARAC
TRÉSORIER DE LA SOCIÉTÉ.

Le 3 novembre 1828, il y aura bientôt quatre-vingts ans, une importante réunion occupait, dans l'archevêché de Toulouse, les salons gracieusement ouverts par Son Eminence le cardinal de Clermont-Tonnerre, archevêque de Toulouse, duc et pair de France.

Mgr d'Arbou, ancien évêque de Verdun, M. le maire de Toulouse, baron de Montbel, MM. Bergé et Ortric, vicaires généraux, M. le receveur général Debray, diverses notabilités catholiques toulousaines entouraient le vénéré prélat. La Société charitable du Prêt gratuit tenait sa première assemblée générale. Dans cette séance, dont la constitution du bureau formait l'objet principal, furent élus : président, Mgr Darbou, ancien évêque de Verdun ; vice-président, M. le baron de Montbel, maire de Toulouse.

Fondée par actes publics des 4 mars 1827 et 4 juillet 1828, autorisée par ordonnance du Roi du 27 août 1828, définitivement constituée par la nomination de son bureau, la Société du Prêt gratuit inaugurait son œuvre de charité, d'assistance, d'utilité sociale, à laquelle collaborèrent les meilleurs d'entre les catholiques durant près d'un siècle. Quatre-vingts ans se sont écoulés et la vitalité de l'œuvre, sa fécondité, sa prospérité démontrent de quelle utilité fut sa création, quelle est l'importance de son développement.

Le palais archiépiscopal abrita le berceau de la jeune Société ; dans le palais municipal s'écoulèrent ses premières années. Le Capitole lui ouvrit ses salles, une dotation de 1.000 francs figura pendant plusieurs années au budget de la ville. Il serait superflu de signaler que depuis longtemps ont cessé hospitalité et dotation, et que les municipalités les plus démocrates par leur programme ignorent cette œuvre éminemment populaire et sociale. Les salles de l'Hôtel-de-ville abritent des préoccupations autres ; l'œuvre est installée, de nos jours, dans une partie de l'hôtel des Chevaliers de Saint-Jean ; c'est à l'ombre du clocher rose de

Notre-Dame la Dalbade que se poursuit l'œuvre toujours prospère de 1828.

Paroissiale par son siège, on a pensé qu'elle devait se faire connaître au congrès paroissial de la Dalbade, et nous nous proposons de vous indiquer en termes brefs quels en sont le but, les moyens, les efficaces résultats.

On ne saurait toutefois terminer ces quelques détails sur les origines du Prêt gratuit sans faire remonter l'honneur de sa création à M. le vicaire général Bergé. Une somme importante, qu'un généreux anonyme remet entre ses mains, forme le noyau du premier capital nécessaire...

La forme donnée à l'œuvre, la seule permise à cette époque, est celle d'une société anonyme. Les bienfaiteurs souscrivent des actions, des demi-actions qui ne leur confèrent d'autre avantage que celui-ci : reprendre le montant de leur versement soit au bout de dix ans, soit à la dissolution de la Société. Aucun intérêt, aucun émolument de quelque nature n'est autorisé.

En fait, très peu de souscripteurs rentrent, au bout des dix ans, en possession du capital versé ; beaucoup abandonnent à l'œuvre le montant de leur action, et tous méritent à un degré divers, mais bien réellement, le titre de bienfaiteurs.

Le but de la Société est de venir en aide, par des avances de fonds, aux personnes qui en ont besoin.

« **En** établissant le Prêt gratuit, nous dit M. le vicaire général Bergé (séance du 4 mai 1838), j'ai voulu venir au secours des personnes honnêtes qui se trouvent dans un état de gêne momentané et qui, placées au-dessus de la dernière classe de la société, inspirent par leur position un intérêt particulier. Ce but a été celui de tous les fondateurs de l'établissement, il est inscrit en tête des statuts ». En échange des sommes qu'elle accorde, la Société reçoit des objets de toute nature, de valeur jugée suffisante, et dont elle conserve la garde durant une année. Sous certaines conditions, elle accorde la faculté de renouvellement et la durée des prêts est ainsi prolongée. En fait, le renouvellement est accordé s'il est versé une somme même très modique et qui vient en déduction de l'avance à rembourser.

L'emprunteur ne supporte aucun frais d'aucune nature. Aucun intérêt n'est retenu sur la somme avancée, aucun droit de prisée ou de garde des gages, pas plus qu'aucun autre frais d'administration. Ceux-ci, dépenses de bureau, d'assurances, de location, etc., etc., demeurent en totalité à la charge du Prêt gratuit, dont tout le fonctionnement est organisé en vue des intérêts des emprunteurs.

La plus grande discrétion est assurée. Par suite de l'agrandissement des locaux, la Société peut donner à ses opérations une plus grande extension qu'autrefois ; elle accepte des catégories de gages qu'elle avait dû précédemment refuser faute de place, notamment les gros meubles.

Toutefois, le *maximum* du prêt consenti à la même personne reste fixé à 5oo francs.

Dans le cas où l'emprunteur ne peut se libérer, ce qui entraîne la vente du gage aux enchères publiques, s'il arrive que le prix d'adjudication soit supérieur à la somme empruntée, l'excédent est tenu à la disposition de l'emprunteur qui a un délai de trois ans pour le réclamer.

Malgré tous ces avantages, il s'en faut qu'une institution aussi conforme aux préceptes chrétiens, et d'une utilité aussi populaire, subvienne, parce qu'elle demeure ignorée, aux besoins de tant de gens réduits à la dure nécessité de recourir à des emprunts à gros intérêts, augmentés encore des frais accessoires, de dépôt de gages, etc..., même alors qu'ils ne subissent pas la loi de prêteurs usuraires.

Le but que s'est imposé l'œuvre est atteint grâce au capital constitué par les donations, les legs, offrandes et quêtes qu'elle est autorisée à recevoir et que la charitable et dévouée population toulousaine ne lui a pas ménagés.

Les résultats obtenus sont des plus satisfaisants. Sans vouloir entrer dans les détails et afin de donner un simple aperçu de leur importance et du bien réalisé, nous citerons quelques chiffres.

Pendant la première année de son existence, alors, il est bon de le faire remarquer, qu'il n'existait pas de mont-de-piété dans notre ville, en 1829, le nombre des prêts s'éleva à 408. Il atteignit 933 l'année suivante. Il y a trente ans, le chiffre annuel des prêts dépassait 3.000; il varie de 2.000 à 1.500 dans les dix dernières années.

Sur 1.000 prêts, 400 sont consentis sur des gages valant de 1 à 5 francs.

300	sur des gages de	6 à	15	—
90	—	16 à	25	—
90	—	26 à	50	—
80	—	51 à	100	—
40	—	101 à	500	—

Ces résultats, excellents en soi, ne doivent pas nous satisfaire entièrement. Le bien que nous faisons est grand sans doute; il pourrait et devrait être plus considérable, dans les temps actuels surtout, si difficiles au point de vue économique.

Notre œuvre charitable a toujours conservé son caractère nettement catholique; les membres du conseil d'administration continuent la pensée des fondateurs et s'honorent de compter encore parmi eux un de MM. les vicaires généraux. Elle demeure pourtant trop ignorée de beaucoup.

Que l'on élargisse donc le champ déjà considérable de son action. Rien de plus facile ; il suffira que le clergé de Toulouse, les communautés religieuses et les associations de charité, les personnes que la pratique des bonnes œuvres mêle de près aux souffrances cachées de la grande ville veuillent bien se charger de faire connaître le *Prêt gratuit* dans la classe de plus en plus nombreuse des emprunteurs, en insistant sur l'inappréciable avantage de la *gratuité absolue*.

Ils nous aideront ainsi à faire éclater cette vérité que la solidarité et l'assistance catholiques ne le cèdent à aucune autre, et qu'on n'a pas attendu chez nous les temps nouveaux pour s'occuper, sous le regard de Dieu, des humbles et des malheureux.

XXXVII

ORPHELINAT DE LA DALBADE

L'abbé Vignal, de pieuse et sainte mémoire, avait conçu le projet de fonder, pour les enfants pauvres et orphelines de la paroisse de la Dalbade, une maison analogue à celle que les Filles de la Croix dirigeaient à Saint-Etienne.

Dans ce but, le digne pasteur fit appel à la générosité de ses paroissiens. L'estime et la vénération dont les enfants entouraient leur Père lui assurèrent à l'instant tous les concours nécessaires.

L'abbé Vignal fut donc en mesure d'acheter un local assez vaste et agréablement situé dans le voisinage de son église. Cet achat eut lieu en août 1865.

La maison subit les transformations propres à sa nouvelle destination. Meubles, linge, vaisselle, etc., etc., tout fut acheté par les soins de l'abbé Vignal. En même temps, il promit à plusieurs familles pauvres de se charger de l'éducation de leurs enfants.

Tout marchait à souhait lorsque le Seigneur voulut, en l'appelant à Lui, récompenser le zèle de son fidèle serviteur, qui mourut le 31 juillet 1867.

La divine Providence veilla sur l'œuvre ; l'abbé Vignal laissait de nombreux et de vrais amis pour lesquels la tombe n'est pas le terme de l'amitié. Parmi ceux qu'il avait particulièrement honorés de sa confiance, il en est un qui fut spécialement l'ami de son cœur et un autre lui-même. Confident des desseins du généreux fondateur, l'abbé Ruffat ne compta ni ses peines ni ses fatigues pour réaliser au plus tôt le vœu si cher du vénéré pasteur.

Deux ans se sont à peine écoulés et déjà quatre Filles de la Croix sont appelées à la fin de 1870. Six enfants, auxquelles l'abbé Vignal avait promis l'entrée de son établissement, y sont d'abord reçues.

Le chanoine Ruffat confia la direction de cet orphelinat à la sœur Alphonse. Cette bonne religieuse avait déjà fait preuve, dans son Institut, des précieuses qualités qui devaient lui assurer le succès. Le bien qu'elle a fait se perpétuera longtemps dans la société. Grand nombre de mères chrétiennes lui doivent l'inappréciable avantage d'avoir été formées par ses soins. Remarquable par sa piété, son esprit de foi, son zèle, sa prudence et sa charité, elle fut honorée de toute la confiance de ses supérieures.

Comme elle avait connu la vénérable fondatrice des Filles de la Croix, sœur Alphonse fut appelée à la maison mère pour déposer dans le procès de béatification.

Pendant plus de trente ans, cette respectable et digne religieuse a été la providence de sa petite famille, qui devint de plus en plus nombreuse. Que de peines, de fatigues, n'a-t-elle pas endurées pour subvenir aux besoins de ses chères enfants, pour le bonheur desquelles elle s'est toujours donnée sans compter ?

Durant les six dernières années de sa vie qu'elle à passées à Colomiers, sœur Alphonse n'a cessé de prier pour la prospérité de sa maison de la Dalbade, son œuvre de prédilection, dont elle était restée supérieure pendant trente et un ans. Dieu l'a appelée à Lui après soixante-dix ans de vie religieuse, le 11 février 1907.

Les anciennes élèves, ses chères orphelines, et les paroissiens de la Dalbade, conserveront bien longtemps son souvenir et béniront sa mémoire.

A peine l'Orphelinat fut-il ouvert que les enfants affluèrent de toutes parts. Elles furent généralement reçues moyennant une petite pension payée par les parents, heureux d'assurer ainsi à leurs enfants le bienfait d'une éducation chrétienne.

Un ouvroir est formé pour les élèves de treize ans et au-dessus. On leur apprend les travaux manuels ; on les met à mesure de se suffire dans les besoins matériels de leur existence, quelles que soient les positions où la Providence peut les appeler.

Une école s'ouvre aussi pour les plus jeunes enfants, qui suivent les classes jusqu'à treize ans; alors elles entrent à l'ouvroir.

Cette œuvre a donc pour but de soulager, de venir en aide à deux faiblesses que Notre-Seigneur a honorées dans sa personne : *l'enfance et la pauvreté.*

L'enseignement qui avait été donné par les religieuses dans leur maison, depuis la fondation de l'œuvre, leur a été enlevé en 1905 par la persécution. Les bonnes sœurs ont eu le chagrin d'être obligées d'envoyer leurs enfants dans une école étrangère.

L'abbé Ruffat, voulant assurer à ses chères protégées l'asile acquis par M. Vignal, a fait cession de cet immeuble à une société. L'acte a été passé en 1894.

Les quatre religieuses ne suffisant plus, vu le nombre des petites filles qui s'éleva bientôt à cinquante, on appela deux nouvelles sœurs.

Après l'abbé Vignal et le chanoine Ruffat, l'œuvre a trouvé de vifs encouragements dans M. de Laportalière, nommé, en 1867, curé de la Dalbade. Lorsque dans les concours de catéchisme, inaugurés par Mgr Desprez, les enfants de l'Orphelinat avaient mérité des diplômes, il était tout heureux et ne savait comment témoigner sa satisfaction des succès obtenus dans sa chère paroisse.

Après M. de Laportalière, l'œuvre a trouvé un père dans M. l'abbé Julien, dont la générosité a maintes fois été une véritable providence. La maison lui doit plusieurs améliorations.

Le jour où les religieuses reçurent notification du décret qui fermait leur classe, M. le curé recueillit leurs enfants dans les écoles chrétiennes qu'il a fondées : les unes, les plus jeunes, dans l'asile ; les autres, dans l'école primaire.

La douleur des maîtresses fut ainsi moins grande que s'il eût fallu abandonner tout à fait les enfants d'âge scolaire.

Une sœur les accompagne, matin et soir, et va les chercher, à la fin de chaque classe. Ces enfants sont l'objet d'une continuelle sollicitude maternelle.

XXXVIII

SOCIÉTÉ NOTRE-DAME DU MONT-CARMEL

RAPPORT

Présenté par M. DOUMERC

SYNDIC DE LA SOCIÉTÉ.

La Société Notre-Dame-du-Mont-Carmel ou du Saint-Scapulaire est une société de secours mutuels pour femmes et jeunes filles ; elle a été érigée sur la paroisse Notre-Dame la Dalbade dans des circonstances qui ne nous sont pas connues.

Il semble certain qu'elle a été fondée par le clergé de la Dalbade.

Du moins on peut affirmer que le 8 avril 1809 elle existait déjà et qu'elle était placée sous la direction de M. l'abbé Fleury, vicaire de la Dalbade.

La présidence de la Société depuis sa fondation a toujours été confiée au curé de la paroisse.

La Société Notre-Dame-du-Mont-Carmel célèbre solennellement sa fête patronale le dimanche qui suit le 16 juillet de chaque année. Ce jour-là, la confrérie du Mont-Carmel se rendait autrefois en grande procession, de l'église de la Dalbade, sur la place des Carmes, au lieu où existait précédemment l'église des Carmes, en laquelle la confrérie était primitivement érigée.

La Société de secours mutuels assistait à cette procession ; un reposoir était dressé sur la place des Carmes, à l'endroit même où était édifiée autrefois l'église. Cette procession s'est faite tous les ans jusqu'à l'époque où les processions n'ont plus été autorisées. Depuis lors, la procession se fait à l'intérieur de l'église de la Dalbade et les sociétaires sont tenues d'y assister.

Au début, en 1809, la Société se composait de quatre-vingts membres et, en 1908, elle en compte encore soixante-dix.

Cette Société se recommande aux personnes qui désireraient faire partie d'une société de secours mutuels par les avantages très importants qu'elle accorde à ses sociétaires.

La sociétaire verse 3 francs par trimestre et retire durant sa maladie 10 francs par semaine, 5 francs par semaine durant sa convalescence et 6 francs par mois pour secours de caducité en cas d'infirmités.

Un docteur donne ses soins gratuitement aux membres de ladite société.

En cas de décès, la famille reçoit la somme de 5o francs pour les funérailles.

XXXIX

LA SOCIÉTÉ " LA PROVIDENCE "

La Providence, voilà encore une société de secours fondée par le clergé de la Dalbade. Son premier établissement remonte aux premières années de la Restauration.

La Providence fut, dès le début, placée sous le patronage de la sainte Vierge et de saint Vincent de Paul. Elle a pour but de soulager à domicile les pauvres de la paroisse, de préférence ceux qui l'habitent depuis longtemps. En même temps, *La Providence* se propose d'étendre parmi les pauvres la connaissance et la pratique de la foi catholique.

Dans les premiers temps de la Restauration, les associations charitables se multiplièrent à Toulouse ; un nombre même considérable de personnes étaient sincèrement disposées à venir en aide à leurs frères souffrants. Néanmoins, les secours étaient déplorablement insuffisants, et les besoins souvent extrêmes. On se ressentait cruellement des malheurs qui avaient fondu sur la France pendant de si longues années ; toutes les classes de la société avaient été atteintes, il y avait peu de superflu. D'autre part, l'expérience démontrait au clergé paroissial que les dons de la charité faisaient souvent double emploi ou n'étaient pas distribués avec discernement.

Sous l'inspiration du clergé, ces considérations engagèrent quelques habitants aisés de la Dalbade à former l'association de *La Providence*, en désirant surtout porter leurs secours aux pauvres honteux, dont la misère est parfois si injuste et si digne de pitié.

Tout d'abord, *La Providence* a été régie par des statuts provisoires. C'est dans sa séance du 30 décembre 1817 qu'elle dressa son règlement définitif, lorsque les leçons de l'expérience eurent suffisamment éclairé ses fondateurs. L'approbation des autorités religieuse et civile fut accordée le 17 janvier 1818, d'une part, par le vicaire général Larroque, et, d'autre part, par le préfet de la Haute-Garonne, le baron de Saint-Chamans. A ce moment, le vice-président de la société était l'abbé Henri Bergé, qui devint vicaire général et que nous retrouverons dans la fondation du Catéchisme de persévérance de la Dalbade en 1819 et dans la fondation du Prêt gratuit en 1828.

La Providence est composée de souscripteurs

de l'un et de l'autre sexe. Chaque année, la souscription est ouverte dès le 1er janvier. Elle est de 24 francs par an ; aujourd'hui, elle est généralement moindre et variable. La présidence de la société est dévolue de droit et pour toujours au curé de la Dalbade. Le président nomme à toutes les charges. Quatorze commissaires, dont sept hommes et sept dames, distribuent les aumônes à domicile. Les dames commissaires sont plus spécialement chargées des familles privées de leur chef ; les commissaires hommes, de celles où le chef existe. Une dame est préposée au soin du linge et des objets mobiliers de la société ; elle surveille leur sortie et leur rentrée. *La Providence* célèbre deux fêtes principales : celle de la Purification et celle de saint Vincent de Paul. Une délibération du Conseil de fabrique du 30 décembre 1817 a autorisé une quête, aux vêpres de ces fêtes, en faveur des pauvres de la Société.

Aujourd'hui *La Providence* n'a plus ni linge ni objets mobiliers quelconques ; elle ne compte plus que dix-neuf membres, dont les souscriptions n'atteignent pas 400 francs. C'est depuis de longues années que cette société est en décadence. Elle est contrainte de borner ses efforts à l'assistance de cinquante pauvres environ, à chacun desquels elle distribue mensuellement deux bons de pain en hiver et un seul en été. Quand les ressources étaient plus abondantes, les pauvres, en outre du pain, recevaient du bois et des légumes.

L'observation de plusieurs articles des statuts a été peu à peu négligée. Les souscripteurs se sont désintéressés de l'emploi de leurs aumônes. C'est le 5 de chaque mois que la distribution en est faite, dans la chapelle Mac-Carthy, par M. le curé, en présence de la bonne sœur supérieure des Filles de la Charité.

Il est à souhaiter que les membres souscripteurs de *La Providence* se réunissent prochainement, reprennent connaissance des statuts et se mêlent plus activement à son fonctionnement.

XL

UNE MAISON SOCIALE POPULAIRE

RAPPORT

Présenté par Mme MARCEILLE

SECRÉTAIRE DE L'ACTION SOCIALE DE LA FEMME.

Le quartier des Moulins, situé entre l'Institut catholique et le Moulin du Château, avec ses rues de l'Homme-Armé, des Moulins, de la Hache, est le plus primitif quartier de Toulouse, au dire des archéologues, et aussi le plus rempli de braves et pauvres gens.

Ce n'est plus qu'un grand amas de maisons resserrées, malsaines, surpeuplées.

Les conférences organisées depuis trois ans à Toulouse par l'*Action sociale de la femme* ont suggéré à quelques-unes de leurs auditrices la pensée d'appliquer, en plein quartier des Moulins, la méthode des « maisons du peuple »; en d'autres termes, de prendre contact avec le peuple en se mêlant à lui pour l'aider.

Mais il fallait un logis dans le quartier de l'Homme-Armé. On chercha. On nous offrit un premier étage : deux pièces et une cuisine. Mais l'escalier était inabordable, noir, branlant, et tout l'immeuble avait l'air d'une maison Fualdès.

Nous préférâmes un petit rez-de-chaussée qui s'ouvrait sur la rue de la Hache : une entrée, une grande salle, un cabinet; 60 francs par an.

Une bonne femme, à qui nous donnâmes un balai, fut chargée de la clé du logis et d'y entretenir une propreté aussi hollandaise que faire se pourrait. On peignit sur la porte les trois initiales M. S. P., qui veulent dire *Maison sociale populaire*. On se procura quelques bancs et chaises, une table, un lavabo, je ne sais quoi encore. Il y avait de l'eau, de la lumière; il ne manquait qu'un médecin.

Il nous fut donné, en la personne du docteur Bringuet, qui comprit admirablement notre idée : créer un dispensaire qui serait l'amorce de ce que nous rêvions de voir devenir *une maison sociale populaire*.

Il fut bien décidé que l'œuvre était sociale, point confessionnelle, que pas un ecclésiastique ne s'y montrerait et que l'on n'y ferait aucune aumône.

On ouvrit le jour de l'Ascension 1906. On avait annoncé l'ouverture de la M. S. P. par des affiches, que tout le quartier de l'Homme-Armé avait lues un beau matin sur ses murs, étonné de se voir attribuer une individualité qu'il ne soupçonnait pas.

Une soixantaine de femmes vinrent à l'ouverture ; les hommes ne se montrèrent pas, flairant quelque « souricière de curé » ; quelques femmes guettèrent l'entrée en narguant celles qui entraient et leur disant : « Vous allez à une prière. *Anats prega Diou !* »

Mais non, on ne faisait pas de prière à l'intérieur. L'ouverture consista en une petite « conférence », où l'on expliqua ce qu'on voulait faire : tous les mercredis matin, une consultation serait donnée par le docteur Bringuet aux gens du quartier, rien qu'à eux.

Il y avait bien dans la salle un crucifix accroché au mur, mais enfin la M. S. P. n'était pas un *Prega Diou.* Le respect humain de nos clients de la première heure en fut tout de suite rassuré !

Bien symptomatique signe des temps que, dans le peuple, cette peur d'aller prier Dieu !

Dès lors, tous les mercredis matin, la porte de la M. S. P. s'ouvrit pour la consultation du docteur Bringuet. Il vint des femmes et des petits enfants d'abord, les hommes se hasardèrent plus tard. Le bruit se répandit vite que le docteur Bringuet était un médecin qui écoutait toute l'histoire, si longue fût-elle, de ses malades ; qu'il les interrogeait et les auscultait, non pas en coup de vent et d'un air distrait, mais patiemment, doucement, attentivement. La confiance se propagea.

Mais n'allait-on donner que des ordonnances?

Il y eut un moment d'hésitation dans le Comité de la M. S. P. Si on donnait des remèdes, on devenait une « aumônerie ». Si on n'en donnait pas, qui viendrait désormais consulter? On délibéra et la générosité l'emporta. Un pharmacien consentit à nous donner les remèdes au prix de revient; le docteur promit d'être ménager. Quelques amies voulurent bien nous aider à couvrir tous les frais. Nous marchons ainsi depuis près de deux ans sans avoir eu à déposer notre bilan.

Au printemps dernier, une épidémie de variole s'étant déclarée à Toulouse, la M. S. P. fit annoncer dans le quartier des Moulins et de l'Homme-Armé qu'elle vaccinait; ce fut un de nos plus beaux succès.

Mais, les remèdes à part, jamais la M. S. P. n'a donné de secours matériels. Elle n'est pas une œuvre de pauvres, elle est une œuvre d'aide sociale. Cette distinction a été vite saisie par nos clients. Au début, il s'en trouvait, le jour de consultation, pour essayer de nous attendrir et solliciter une charité : le loyer n'était pas payé, on n'avait pas un sou pour manger ce soir, toute la litanie de la mendicité. La M. S. P. ne se laissa pas apitoyer et ne donna rien. Peu à peu, on ne lui demanda plus rien ; on avait compris.

Un beau jour, une mère de famille dont on avait soigné l'enfant revint en amenant son enfant guéri, et, en guise de remerciement, elle offrit six oranges au docteur Bringuet. Cette brave femme avait compris d'instinct tout le sens de notre œuvre ; c'est à savoir qu'il y a égalité entre nos clients et nous.

Le cabinet du docteur est précédé d'une salle d'attente, où nous recevons nos clients. C'est la causerie préalable et c'est un autre aspect de la M. S. P. Ce que nos clients disent à leurs voisins de rue ou de palier, il ne leur en coûte pas de nous le dire à nous.

Il doit nous en coûter moins encore de l'entendre ; heureuses serons-nous de pouvoir donner le conseil désintéressé et judicieux qu'on cherche : l'invitation à la patience, l'indication pratique !

Tantôt c'est une femme mariée qui en a assez de son mari et à qui le divorce semble la libération, tantôt c'est une brave mère de famille à qui l'hygiène est inconnue.

Un matin, c'est un groupe qui discute avec indignation le cas de Soleilland : « N'est-ce pas, madame, que c'est abominable ? »

Bonne occasion de leur faire comprendre que les enfants ne doivent pas être perdus de vue et que les plus innocents ne sont pas toujours les moins exposés.

On est vite au courant des difficultés de chaque ménage. On peut trouver une place pour celle-ci, recommander celui-là. Il existe des œuvres qu'on indique, depuis l'œuvre des draps de lit ou « Œuvre de Marie », qui supplée à l'indigence des armoires à linge, jusqu'au Prêt gratuit qui vient en aide dans un moment de détresse, et à l'Hospitalité du travail pour les jours de chômage.

On envoie à Saint-François-Régis les malheureux qui hésitent devant les démarches à faire pour régulariser leur situation.

Surgisse une affaire, un droit à défendre, nous avons un avoué, Me Boyer, qui a accepté de recevoir les clients de la M. S. P. et de les aider de ses avis et au besoin de sa protection.

De temps en temps on réunit, un dimanche à cinq heures, toutes les femmes du quartier. Des conférences ont été données sur les devoirs de l'épouse et de la mère, sur l'hygiène de l'enfant, la propreté de la maison. Cette causerie tout intime, qui resserre encore les liens nous unissant à nos clientes, est toujours suivie d'une tombola gratuite.

Aujourd'hui, notre M. S. P. a dépassé les limites des Moulins. Le savoir, l'expérience et la bonté du Dr Bringuet ont permis à notre œuvre de s'étendre dans les paroisses environnantes. Je sais bien qu'au début on regardait un peu comme des *intrus* les malades venant de Saint-Nicolas ou de la Côte-Pavée, mais aujourd'hui nos clientes ont laissé de côté toutes ces susceptibilités de *clocher* et elles accueillent les nouveaux venus avec la plus grande cordialité.

Telle est notre M. S. P. On n'y fait pas de propagande religieuse, mais nul n'ignore que la M. S. P. est catholique ; et si dans sa méthode il n'entre pas d'action religieuse proprement dite ; si elle se contente d'aide sociale, commençant par la santé et l'hygiène ; si, venant vite à s'intéresser au travail, au salaire, au placement, elle se fait propagandiste de justice, de sécurité, d'hygiène morale, c'est parce que nous croyons utile de préparer d'abord les bases de la morale chrétienne en défendant (si je puis m'exprimer ainsi) le terrain que d'autres feront ensuite fructifier.

Notre petite et humble M. S. P. est une œuvre rudimentaire, mais que nous sentons sympathique et féconde. Il y aurait beaucoup à faire, mais l'intention dépasse nos moyens, et nous nous en tenons à l'essentiel.

Ah ! il y a loin de notre pauvre M. S. P. à des institutions comme *Oxford House* ou *Toynbee Hall* à Londres, les deux fondations sociales populaires des maîtres et des étudiants d'Oxford, mais l'idée première est identique :

S'installer parmi le peuple, ne fût-ce qu'une matinée par semaine, et cela non pas pour le régenter, mais pour l'aider, en disant à ces ouvriers, à ces femmes d'ouvriers : « Il n'y a pas de distance absolue entre vous et nous, et l'inégalité des cœurs n'existe pas. »

Nous ne visons pas à solutionner les problèmes sociaux par notre M. S. P.; mais nous expérimentons que nos œuvres sociales, quand elles s'adressent à une population urbaine déchristianisée, gagnent à n'être que sociales.

Peut-on être social, vraiment, sans être chrétien ? Nous ne l'imaginons pas.

Mais il faut que le peuple découvre notre foi dans nos œuvres, et qu'elle lui soit d'abord désirable et non d'abord imposée.

XLI

SOCIÉTÉ DE SAINT-JEAN-FRANÇOIS-RÉGIS

RAPPORT

Présenté par M. Joseph BRESSOLLES
président de la société.

———

M. le curé de la Dalbade, désireux de savoir et de faire connaître tout le bien qui se réalise sur sa paroisse, a demandé à la Société de Saint-Jean-François-Régis d'exposer le but qu'elle poursuit et les résultats qu'elle a obtenus.

Nous cherchons à faciliter les mariages chrétiens. J'ai à peine besoin de dire qu'en toute vérité nos en-tête de lettres pourraient porter en caractères très apparents : « *Rien des agences* ». Nous n'avons jamais songé à prendre la responsabilité de mariages à proposer. Quand les futurs époux viennent nous trouver, ils se sont choisis, ils sont d'accord, ils nous demandent seulement d'écarter tout obstacle et de leur rendre plus aisée l'entrée dans la vie conjugale.

Est-ce bien utile, pensera peut-être quelqu'un qui, à la Dalbade, aura assisté à la célébration d'un grand mariage. C'est au milieu des fleurs et des lumières, c'est sur un tapis moelleux que se font les premiers pas dans la vie à deux. Rien de plus doux ; l'intervention des gens les mieux intentionnés est au moins superflue, on ajouterait aisément qu'elle est importune.

Cher auditeur à qui cette idée sourit, laissez-moi vous dire que vous n'avez connu de la vie que le côté riant. Consentez, un de ces matins, à vous lever de très bonne heure, devancez le moment où vous avez l'habitude d'entendre la messe, et voyez au pied de l'autel ces deux jeunes gens qui, n'ayant auprès d'eux que trois ou quatre amis, vont s'unir par les liens du mariage. Dieu a pour eux les mêmes faveurs spirituelles que pour les heureux de ce monde ; le sacrement leur est aussi nécessaire. Mais pour arriver à le recevoir, il leur a fallu de pénibles efforts ; devant eux se sont dressées des difficultés nombreuses, décourageantes : pièces à rassembler, formalités à remplir, frais qui ne semblent rien et qui représentent cependant plusieurs journées de travail. Qui a vu de près ces embarras déclarera moins coupables qu'on ne le croit généralement ceux qui, ballottés d'un bureau à l'autre et fatigués d'être rabroués, se soustraient à des lois dont ils ne comprennent pas les exigences minutieuses. Nous nous efforçons d'intervenir à temps ; si le mal est fait, nous tâchons d'y apporter remède au plus tôt, désireux de procurer au Ciel la joie qu'y cause le retour d'un pécheur.

Tel est notre programme. Le champ d'action que nous a assigné Mgr l'Archevêque est son diocèse tout entier, et, en particulier, la ville de Toulouse. Les futurs époux qui se trouvent sur le territoire de la Dalbade peuvent donc venir à nous. S'ils nous apportent une recommandation de l'un des membres du clergé paroissial, ils peuvent être assurés du meilleur accueil. Sans remonter plus haut qu'hier, un valet de chambre habitant sur la paroisse, qui est sur le point de se marier, avait reçu de ses parents son acte de naissance. Il était convaincu de sa parfaite régularité ; une erreur s'y était glissée cependant ; nous avons pu la faire rectifier et épargner à ce brave homme l'ennui d'un refus qu'il aurait certainement éprouvé à la mairie et du retard que l'on aurait imposé à son mariage.

Je dois le dire cependant, ce n'est pas de la Dalbade que les clients viennent en grand nombre. On le comprendra aisément si l'on veut bien se rappeler que la population ouvrière, chez qui se trouvent surtout les nomades et les irréguliers, n'y est pas très nombreuse. Les habitants du « village de la Dalbade » sont le plus souvent des *naturels ;*

on y est connu dès l'enfance ; dès lors, les recherches sont inutiles, les actes sont sous la main et on a la charité de ménager notre peine.

Nous devons donc reconnaître en toute sincérité que les paroissiens de la Dalbade ne nous ont pas donné souvent l'occasion de leur faire du bien.

Est-ce à dire que Saint-François-Régis soit un inconnu pour la Vierge-Blanche ? Non certes ; il donne peu, mais il reçoit beaucoup. Tout est large à la Dalbade : la nef et les cœurs. Demandez à cette paroissienne ou plutôt à ces paroissiennes qui, le dimanche, une messe matinale entendue, traversent le Pont-Neuf, quelle que soit la température, ce qui les amène dans les terrains vagues du Ravelin ou du quartier Bourrassol ; ou plutôt ne les interrogez pas, elles se diraient trop pressées pour vous répondre et ne vous feraient pas connaître le but de leur course. Parce qu'elles n'ont pu me le cacher, je sais que, chaque dimanche, la Dalbade envoie une escouade de ces vaillantes à l'assaut de ces voitures dites *roulottes*, qui transportent de village en village, dans une promiscuité où la malpropreté est le moindre défaut, hommes, femmes, enfants, chiens, singes... que sais-je encore ? A chaque voiture, même question : « Où sont vos enfants, Madame ? Vous êtes occupée, sans doute, aux soins de votre ménage ; voudriez-vous me permettre de les amener à la messe avec de petits camarades ? Un brin de toilette ne leur fera pas de mal. Une blouse ou un tablier tout propre cachera des dessous un peu usagés ». La proposition est acceptée. Les enfants sont peignés, lavés, appropriés, le besoin s'en faisait bien sentir ; on leur enseigne quelques courtes prières et on leur distribue quelques friandises. En caressant les enfants, la dame charitable a trouvé le chemin du cœur de la mère. Les confidences se font naturellement. Depuis longtemps, jamais peut-être, on n'a entendu parler de Dieu ; le baptême a pu être reçu, mais tout autre sacrement est inconnu. La dame charitable demande à voir les papiers ; elle nous les apporte pour les compléter. Saint-François-Régis a trouvé à la Dalbade de tout aimables recruteurs. Et la paroisse veut bien accueillir

Ces enfants qu'en son sein elle n'a point portés.

C'est Jean, le lutteur, qui, vu les nécessités de sa profession, n'avait pu attendre à Toulouse que son dossier fût achevé. Quand tout est prêt, je lui télégraphie qu'il peut venir ; l'adresse fit rêver l'employé : *Jean, lutteur, Voiture Verte, Champ de foire, Montauban*. Les deux futurs arrivent à une heure. Les dames de charité se chargent de la femme, j'amène le lutteur à confesse. A trois heures, mariage au Capitole. A quatre heures, nous sommes à la Dalbade ; M. l'abbé Caussat, vicaire, avant de bénir le mariage, rappelle que la vie est une lutte contre le mal, que Dieu nous suit partout, pour nous assister, pour nous bénir et, si nous l'avons mérité, pour nous frapper. Le train de six heures ramena à Montauban les nouveaux époux ; le soir même, ils donnèrent la représentation.

Plusieurs fois, M. le curé daigna présider lui-même au mariage de ces paroissiens d'adoption, et je ne surprendrai personne si j'affirme qu'il sait toujours trouver dans son cœur des paroles empreintes de la plus aimable piété, de la plus douce charité. Ces âmes simples et droites retiennent les leçons qui leur sont ainsi données. C'est à la Dalbade qu'ont été unis les jeunes P..., qui, depuis plus de six ans, ne manquent jamais d'écrire à l'occasion du renouvellement de l'année, nommant l'église où ils reçurent le sacrement du mariage. Détail touchant, que je ne tiens pas d'eux, ils ignorent même que je le connais : leurs enfants adressent tous les jours à Dieu une prière « pour ceux qui ont aidé papa et maman à se marier ».

C'est également à la Dalbade que s'était marié D..., l'horloger ambulant. Sa roulotte fut, aux vacances dernières, détruite par l'inondation. Il nous faisait écrire pour demander un des crucifix que **nous offrons aux nouveaux époux, celui que nous**

leur avons donné ayant été brisé dans la tourmente.

Je me reprocherais de passer sous silence les
liens de parenté spirituelle contractés avec un de
nos clients par une dame de la Dalbade, dont la
noblesse de race n'a de supérieure que la noblesse
du cœur. Emile nous avait été signalé par une Sœur
de l'Espérance comme désireux de se marier. Ses
sentiments étaient parfaits, il avait notamment pour
sa future belle-mère les soins les plus délicats;
mais le pauvre enfant, délaissé par ses parents depuis qu'il avait atteint l'âge de dix ans, ne savait de
la religion qu'une seule chose : que son père avait
absolument refusé de le laisser baptiser. Chacun sait
qu'à la Dalbade il y a une théologienne en bonnet
blanc qui n'en est pas à faire ses preuves. Inutile
de la désigner plus clairement, chacun l'a déjà
nommée. Sous sa direction, Emile apprend le catéchisme et le voilà suffisamment instruit. C'est à
Saint-Aubin que le baptême doit se faire, mais
c'est de la Dalbade que viendra la marraine avec
les charités les plus délicates. Je vois encore le
beau sac de dragées que le néophyte reçut. Le lendemain de son baptême, Emile faisait la première
communion assisté encore de sa marraine et il recevait le sacrement de mariage. Tant de bontés
touchèrent le pauvre enfant. Peu de jours s'étaient
écoulés que parrain et marraine recevaient une

lettre encadrée de noir. Au premier, Emile annonçait qu'il venait d'avoir le malheur de perdre sa belle-mère ; sa douleur était absolument sincère. Voulant honorer encore plus sa marraine, Emile, après lui avoir fait part de son deuil, l'invitait à venir l'assister au moment où il « encaisserait sa belle-mère ». La marraine ne refusa pas à son filleul le service qu'il sollicitait, l'honneur qu'il lui offrait. Elle montra qu'à la Dalbade, la charité se donne sans réserves. N'avons-nous pas le devoir de la remercier au nom de notre client ?

Aussi bien Emile sait lui-même se montrer reconnaissant. Je pense qu'au premier jour de l'an sa marraine reçoit l'expression de ses vœux ; je puis dire qu'au premier janvier dernier il a envoyé à son parrain une de ces cartes postales que le soldat adresse à sa promise : un cœur transpercé d'une flèche.

Nous sourions sans doute, mais nous ne saurions nier la délicatesse de sentiment qui inspire ces procédés. Décidément, le grain jeté dans le sillon sous les regards de la Vierge Blanche est une semence particulièrement féconde, et c'est à ses bénédictions, bien plus qu'à nos efforts, qu'est due la moisson que j'ai eu l'honneur de vous présenter.

XLII

LA MESSE DES PAUVRES

RAPPORT

Présenté par M. l'Abbé GAILLARD

FONDATEUR ET DIRECTEUR DE L'ŒUVRE.

C'est là, Mesdames et Messieurs, le dernier numéro porté au programme des *œuvres charitables* et *sociales*, pour la journée : il ne vous retiendra pas longtemps, car il se souvient que « ventre affamé n'a pas d'oreilles », et il ne veut pas prolonger votre jeûne quoiqu'il vienne vous parler de braves gens qui jeûnent plus qu'en Carême, les *Pauvres*.

Les pauvres sont les amis privilégiés du bon Dieu, et toutefois il en est beaucoup qui vivent loin de Lui. N'ayant ni beaux habits pour s'endimancher, ni argent pour payer leur chaise à l'église, ni assez d'abnégation pour aller s'asseoir au banc des indigents, beaucoup manquent la sainte messe le dimanche.

Ils n'entendent donc jamais la parole de Dieu ; ils vivent dans l'ignorance des vérités religieuses les plus indispensables ; ils demeurent éloignés des sacrements et privés de ces consolations de la religion dont plus que d'autres ils auraient besoin ; ils s'aigrissent contre une société qui leur apparaît dure comme une marâtre.

Ils vivent donc malheureux, pauvres des biens spirituels autant, et plus peut-être, que des biens temporels, et sont en grand danger, après une vie amère, de tomber dans une éternité bien plus amère encore.

Dans le but de secourir ces misères spirituelles et corporelles, on a créé, il y aura bientôt un an, à l'ombre hospitalière du clocher de la Dalbade, avec la bénédiction de Monseigneur l'Archevêque et le gracieux agrément du pasteur, l'œuvre dite de la *Messe des Pauvres* : leur ami si dévoué d'autrefois, le bon M. Lafeuillade, a dû en sourire d'aise dans son paradis.

Donc, à 7 h. 1/4, chaque dimanche et les jours de fête d'obligation, la grande salle de la rue Saint-Remésy, 27, ouvre ses portes ; on récite le chapelet pour les bienfaiteurs, leurs familles et leurs défunts ; on fait la prière du matin et un prêtre entend ceux qui désirent se confesser.

A 7 h. 1/2, la messe commence, et à l'évangile, le prêtre adresse à son intéressant auditoire une instruction en rapport avec ses devoirs comme avec ses besoins. Puis le saint sacrifice se continue au milieu des chants et des prières récitées tout haut.

Une très habile organiste, ancienne religieuse de Notre-Dame, et des chanteuses venues du monde de la société, comme du monde du travail, prêtent leur gracieux concours ; et à leurs voix se mêlent en un concert touchant, harmonieux aussi, les voix affaiblies ou chevrotantes des pauvres gens : ce sont les « restes d'une voix qui tombe » qu'ils offrent à Dieu dans cette chapelle, pauvre comme eux, puisque le sol n'est que la terre nue.

Après la sainte messe, chacun reçoit une petite aumône qu'on a été obligé, hélas! de réduire récemment, faute de ressources, et on tire au sort quelque objet utile : couverture, vêtements, linge, chaussures, etc ; de tout, les pauvres se montrent reconnaissants, car souvent ils manquent de tout, et de tout ils trouvent moyen de tirer parti.

Ils viennent nombreux à cette messe dite pour eux, où ils ne trouvent que des pauvres comme eux ; ils sont une centaine environ et souvent bien plus, dont un tiers d'hommes jeunes et vieux. Ils viennent de loin parfois. Un matin, l'un d'eux s'évanouit... de faiblesse peut-être. On le ramena chez lui en voiture ; il était de Saint-Sylve. Une autre fois, c'était une bonne vieille qui défaillait : elle était de Saint-Cyprien. On ne peut pas dire que, de leurs pieds meurtris ou vieillis, ils font un si long chemin uniquement pour avoir deux sous ou même un seul (car aux femmes on ne donne qu'un sou); ils viennent de si loin parce qu'ils aiment cette messe dite pour eux et cette petite instruction faite pour eux spécialement, comme un habit sur mesure, et qui embaume leurs tristesses du présent dans les consolantes perspectives de l'avenir.

Pendant le carême, on leur donnera, s'il plaît à Dieu, une petite retraite pour les préparer à l'accomplissement du devoir pascal.

Ainsi, lumière à leur esprit, consolation à leur cœur, soulagement à leur indigence, secours précieux pour le salut éternel de leur âme : les pauvres trouvent tout, chaque dimanche, à la rue Saint-Remésy.

Si quelqu'un parmi vous, Mesdames et Messieurs, avait, dans sa garde-robe, quelque pièce — usée ou même neuve — de lingerie ou de vêtement qui l'embarrasse, ou, dans sa bourse, quelque pièce d'argent ou même d'or qui lui pèse, et, dans son bon cœur, une inspiration qui le porte à aider cette œuvre d'assistance à la fois spirituelle et corporelle qu'est la *Messe des pauvres*, qu'il veuille bien se souvenir que nos clients ont choisi pour leurs trésorières et dépositaires Mme la comtesse de Villèle, rue Saint-Jacques, 1, et Mlle Fontan, rue Saint-

Etienne, 3. Ils ont bon goût, comme tout bon Toulousain; ils savent que vous avez bon cœur, ce qui vaut beaucoup mieux encore, et ils prieront pour vous de leurs lèvres plus puissantes devant Dieu que les lèvres des princes.

Laissez-moi terminer ce petit rapport, le dernier de la journée, par ces beaux vers d'un jeune poète trop tôt ravi à la religion et aux lettres, l'abbé Courchinoux, lauréat de vos Jeux Floraux; ils vous dédommageront de ma pauvre prose :

> Riches, ouvrez vos blanches mains,
> Laissez couler l'or comme une onde;
> Ouvrez ces mains où tout abonde;
> Ouvrez, donnez, soyez chrétiens!
> Sous les haillons de l'indigence,
> Songez-y, c'est Jésus souffrant;
> C'est Jésus qui s'en vient, pleurant,
> Solliciter votre opulence.
> Un jour, de la Sainte Cité,
> Tristes et seuls dans la nuit noire,
> Vous heurterez le seuil d'ivoire,
> Implorant l'hospitalité.
> Dieu se souvient et vous regarde...
> Le ciel splendide, ouvert à tous,
> S'il allait se fermer pour vous!...
>   Ah! prenez garde!

QUATRIÈME SÉANCE DE TRAVAIL

Présidée par M. le Baron de FELZINS

CONSEILLER DE PAROISSE

Dimanche 8 Mars, 10 heures.

ŒUVRES CHARITABLES ET SOCIALES

XLIII

CONFÉRENCE SAINT-VINCENT-DE-PAUL

DE L'ÉCOLE SAINTE-BARBE

RAPPORT

Présenté par M. BARBIER, élève de l'Ecole.

Je suis heureux en ce congrès des œuvres paroissiales d'avoir été chargé de vous entretenir quelques instants d'une œuvre qui mérite bien la renommée dont elle jouit : je veux parler de l'Ecole Sainte-Barbe. Depuis de nombreuses années la question de l'enseignement est sans contredit la plus débattue; aussi aime-t-on à s'intéresser à tout ce qui y a trait. — Pendant longtemps on a vu les avantages et les inconvénients de la vie du lycée, de l'internat en particulier, sans y trouver remède. C'est à l'abbé Thénon, ancien élève de l'Ecole normale supérieure, que revient l'honneur d'avoir songé, le premier, à fonder des externats de lycéens. Mettant son projet à exécution, il créa, en janvier 1866, l'Ecole Bossuet, auprès du lycée

Saint-Louis. Le succès ne devait pas tarder à prouver l'excellence de son système. Aussi son exemple fut-il bientôt suivi à Paris et en province. Un établissement d'une si grande utilité manquait encore à Toulouse, quand, le 27 novembre 1882, a été ouverte l'Ecole Sainte-Barbe, à laquelle nous nous faisons honneur d'appartenir. Nous garderons une reconnaissance profonde et inaltérable aux fondateurs de l'Ecole, dont le dévouement a pleinement justifié l'attachement des élèves et la confiance des familles.

Un prêtre distingué, professeur à l'Institut catholique, ne cesse de se consacrer à l'éducation religieuse des enfants. Il fallait apprendre à ces jeunes élèves la charité et l'amour du prochain que ne doit jamais oublier tout bon catholique. Il était nécessaire que, avant de sortir du collège, ils apprissent à connaître la vie avec ses misères et ses déboires pour les soulager au besoin. En un mot, il manquait à l'Ecole sa Conférence Saint-Vincent-de-Paul.

Cette dernière fut organisée en novembre 1905. M. Bressolles, l'éminent professeur de la Faculté de droit, voulut bien prendre la direction de ce groupe naissant, et c'est grâce à son aimable entremise que notre Conférence fut définitivement agrégée le 30 juillet dernier. Elle n'est certes pas l'une des plus nombreuses, elle n'a jamais eu plus d'une douzaine de membres ; mais souvent ceux qui la quittent, leurs études terminées, fidèles aux bons principes qu'ils ont reçus à l'école, s'en vont faire partie de la Conférence Saint-Louis-d'Anjou et du cercle Ozanam. Les conférenciers se recrutent parmi les élèves de première et de philosophie de bonne volonté. On est peu nombreux, mais on est sûr d'être plus ardents dans la pratique de la charité.

Chacun de nous à une famille attitrée, soit sur la paroisse de la Dalbade, soit sur celle de la Daurade.

M. l'abbé Crouzil a l'obligeance de prendre les pensionnaires deux à deux pour aller voir leurs pauvres, tandis que les externes vont chacun de leur côté. Nous ne manquons jamais de faire ce que l'on appelle la visite assise et que recommande si vivement le Manuel de Saint-Vincent. Nous tâchons ainsi de prouver à ceux que nous secourons que nous sommes non seulement des bienfaiteurs, mais de vrais amis, qui s'intéressent à leur vie et à leurs occupations.

La réunion hebdomadaire a lieu le merdredi soir. Après la prière d'usage, chacun rend compte de sa dernière visite, de l'état de santé et des besoins de la famille dont il s'occupe. Malheureusement, il n'arrive que trop souvent que nous ne puissions pas faire tout ce qui serait nécessaire. Il est plus facile de réconforter le moral des pauvres que de les mettre complètement à l'abri de l'indigence. L'état de notre caisse ne nous permet pas de grandes largesses. La Conférence ne tire ses ressources que de la collecte hebdomadaire, d'une quête faite, le dimanche, au retour de la messe parmi les élèves, et enfin d'une tombola annuelle dont les bénéfices sont partagés avec l'Œuvre de la Sainte-Enfance. Aussi, malgré le bon que nous portons chaque semaine et la petite allocation que donne la ville à quelques vieillards d'au moins soixante-dix ans, nos pauvres arrivent difficilement à joindre les deux bouts. Souvent, les malheureux nous racontent leurs déboires avec une simplicité touchante. L'un d'eux avouait dernièrement à celui qui le visitait que, pour économiser un repas, il restait la moitié de sa journée au lit. Une autre, une pauvre vieille de plus de quatre-vingts ans, disait que la personne qui l'avait recueillie criait, depuis huit jours, après elle et refusait de lui donner un vieux vêtement pour couvrir ses membres paralysés.

D'une façon générale, nos pauvres arrivent, quand ils ne sont pas trop malades, à trouver de quoi vivre en exerçant quelque petit métier. Mais dès que la maladie s'abat quelque temps sur eux, c'en est fait, et la misère pénètre chez eux pour des mois. En temps ordinaire, c'est plutôt de combustible qu'ils manquent, surtout pendant cette saison. Aussi ne leur portons-nous presque que des bons de bois, sauf quelques exceptions et à moins qu'ils n'aient besoin d'un peu de viande pour réparer leurs forces. Dernièrement encore, nous avons vu jusqu'où pouvait aller la misère dans les grandes villes et comment elle pouvait rester ignorée.

Une pauvre veuve de la rue des Paradoux écrivait à M. Bressolles pour demander qu'on la secourût. Elle disait que son fils était tombé malade et que, en le soignant, elle avait à son tour contracté la maladie. Un des conférenciers est allé aussitôt la voir et l'a trouvée, ainsi que son enfant, dans un état lamentable. Ils avaient vendu à peu près tout leur mobilier pour avoir de quoi vivre. Voyant qu'ils étaient très dignes d'intérêt, nous nous sommes empressés de leur faire parvenir des secours et de les recommander à des personnes charitables. Mais que serait-il arrivé si la mère, cédant à un excès d'amour-propre ou à une fausse honte, n'avait pas osé révéler sa misère? Il est probable que, un jour ou l'autre, on les aurait trouvés tous deux morts de faim. Je me laisse aller à croire que des cas comme celui-ci sont rares; mais suis-je dans le vrai ? On ne pourra jamais savoir le nombre de pauvres honteux, ou délaissés, que renferme une grande ville. Combien en meurt-il chaque jour de ces malheureux qui préfèrent périr de faim plutôt que de solliciter la charité! Aussi j'ose espérer que, avec le temps, notre conférence fera encore plus de bien. Elle est assez jeune pour promettre davantage, et elle a, à Toulouse, assez d'exemples à imiter.

Enfin, je souhaite que si la devise de l'Ecole est :

Crescat eundo virtute et scientia,

« Qu'elle croisse de plus en plus en sagesse et en science », la sienne puisse être :

Crescat eundo virtute et charitate,

« Qu'elle croisse de plus en plus en sagesse et en charité ».

XLIV

CONFÉRENCE SAINT-VINCENT-DE-PAUL

ANNEXÉE AU CERCLE D'OUVRIERS NOTRE-DAME

RAPPORT

PRÉSENTÉ PAR M. LE LIEUTENANT-COLONEL DE VILLEPIN

PRÉSIDENT DE LA CONFÉRENCE.

La Conférence Saint-Vincent-de-Paul, annexée au Cercle d'ouvriers Notre-Dame, dite Conférence Notre-Dame, se compose d'ouvriers et d'employés des deux paroisses de la Dalbade et de la Daurade.

Elle a été fondée en 1880; le certificat d'adhésion à la grande conférence de la Dalbade lui a été décerné le 4 mai de la même année.

Dix membres formèrent le premier noyau, sous la direction de l'abbé Massol, vicaire à la Dalbade, actuellement curé à Lalande. Ces membres visitèrent une moyenne de douze familles chaque année.

La Conférence vécut ainsi jusqu'en 1896, ayant à sa tête comme présidents MM. de Carrière, Moulas, Bressolles. A cette époque, le Cercle resta quelque temps fermé et la Conférence cessa d'exister. Elle reprit un peu plus tard, sous la direction de l'abbé Contrasty, alors directeur du Cercle, et compta quinze membres actifs, qui visitèrent dix-sept familles. Les présidents furent MM. Herzog et d'Antin de Vaillac.

En 1906, les membres actifs étaient au nombre de dix-huit, qui ont visité dix-sept familles.

En 1907, il y a eu vingt et un membres actifs et dix-huit familles visitées.

Actuellement (février 1908), la Conférence distribue des secours à vingt-quatre familles. Le président, depuis le 23 décembre 1907, est le lieutenant-colonel de Villepin, et le directeur l'abbé Castaing, vicaire à la Daurade, directeur du Cercle.

La situation financière pour 1907 est la suivante :

RECETTES

Reliquat de 1906.........	135^f »
Quêtes hebdomadaires....	154 60
Dons particuliers.........	115 50
Total........	405^f 10

DÉPENSES

Pain.....................	97^f 10
Viande..................	22 20
Légumes	19 5o
Combustibles...........	91 »
Divers	1 25
Total........	23 1^f o5

Excédent des recettes sur les dépenses ou reliquat au 31 décembre 1907, 174 fr. o5.

La Conférence Notre-Dame présente cette particularité remarquable qu'elle est composée presqu'en totalité d'ouvriers qui n'ont que très peu de temps à eux et très peu de ressources, et qui trouvent le moyen de donner aux pauvres une partie de ce temps et de ces ressources. On peut dire que c'est une conférence modèle pour l'esprit chrétien, l'assiduité aux réunions et la régularité des visites. Ce résultat est certainement dû à l'influence de M. l'abbé Castaing, qui se tient en relations très étroites avec tous ses membres.

Les séances ont lieu le lundi, à neuf heures du soir, au Cercle Notre-Dame.

XLV

CONFÉRENCE SAINT-VINCENT-DE-PAUL

RAPPORT

Présenté par M. Joseph BRESSOLLES

PROFESSEUR A LA FACULTÉ DE DROIT, PRÉSIDENT DE LA CONFÉRENCE.

On a tellement abusé du mot *laïque* qu'une œuvre qui, dans une assemblée chrétienne, se présente avec ce caractère doit d'abord, semble-t-il, présenter des excuses. Est-ce bien nécessaire cependant pour les Conférences de Saint-Vincent-de-Paul qui, quoique laïques, ont reçu des Souverains Pontifes et des évêques les marques de la plus paternelle tendresse ? Notre vénéré et bien-aimé Archevêque, dont la devise est *Charité*, nous a traités avec une particulière faveur. A la Dalbade, aussi loin que me ramènent les souvenirs de mon enfance, je vois MM. les Curés accorder leur bienveillant et généreux concours à la Conférence paroissiale. On dirait vraiment qu'en gravant sur la pierre, dans le plus bel hôtel de la rue de la Dalbade, le mot de saint Paul : *charitas nunquam excidit*, l'artiste pressentait quels trésors de bonté la Vierge Blanche mettrait au cœur des gardiens de son sanctuaire.

C'est depuis 1846 qu'une Conférence a le nom de la paroisse : elle fut chargée jusqu'en 1852 des territoires de la Dalbade et de Saint-Exupère. Dès 1837, où fut établie à Toulouse la Société fondée à Paris quatre ans plus tôt, la Dalbade avait fourni son contingent d'ouvriers. Dix jeunes gens s'étaient réunis le 29 mai 1837 dans une chambre d'étudiant de la rue des Lois; leur première recrue vint de la rue des Couteliers. M. Charles Magnes-Lahens venait de terminer à Paris ses études de pharmacie, il s'était associé aux travaux charitables d'Ozanam et de ses amis; il tint à continuer à Toulouse sa vie déjà exemplaire, partagée entre la piété, la charité et la science.

La pensée première qui inspira nos fondateurs est bien connue. Ils voulurent affirmer leur foi et s'efforcer de devenir meilleurs. Afin d'atteindre ce double but, ils demandèrent à la charité de servir de sauvegarde à leur vertu et les pauvres s'offrirent à eux comme le moyen le plus assuré de s'élever vers Dieu. « Voulez-vous entrer au royaume, disait Bossuet, les portes vous seront ouvertes pourvu que les pauvres vous y introduisent. »

C'est donc des pauvres de la Dalbade, de Nosseigneurs les Pauvres, aimait à répéter saint Vincent de Paul, que je parlerai d'abord ; les visiteurs seront très honorés de venir à leur suite ; je dirai enfin comment les visiteurs se sont rapprochés des pauvres et ont cherché à leur faire du bien.

I. — Ce n'est pas assurément sur le territoire de la Dalbade qu'on songerait à douter de la parole de Notre-Seigneur : *Vous aurez toujours des pauvres parmi vous.* Parcourez les rues de l'Homme-Armé, des Moulins ou de la Hache, pénétrez dans les vieilles maisons du quai de Tounis et, en montant des escaliers délabrés, qui semblent ne tenir que par la force de l'habitude, vous vous convaincrez sans peine que vous allez voir ceux qui ne connurent jamais les douceurs de la vie. Heureux quand le chômage ou la maladie ne vient pas transformer la gêne en misère. On l'appelle parfois misère noire, et le mot est tout à fait caractéristique, car à l'intérieur tout est sombre ; les âmes surtout sont endeuillées.

Et cependant, si la pauvreté n'est pas une inconnue à la Dalbade, je ne crois pas me tromper en disant que, depuis la fondation de la Conférence, le nombre des pauvres à secourir tend à diminuer. Reportons-nous par la pensée en 1846. Le quartier de Tounis était le champ particulièrement fécond en misères. Le quai venait de s'élever à la place de

la rue si souvent visitée par le fleuve, et les misé-
reux qui avaient dû quitter les maisons aux numé-
ros impairs s'étaient réfugiés en face, en dépit de
la surélévation du sol, qui avait comme enterré un
étage. C'était le temps où l'on restait fidèle à son
quartier, on ne savait pas se déraciner. Quelques
usines, notamment des imprimeries d'indiennes
occupaient d'ailleurs un grand nombre d'ouvriers
et on ne connaissait pas encore les moyens rapides
de locomotion qui permettent au travailleur de
loger loin de son atelier.

Aujourd'hui, un certain nombre de maisons
neuves ont pris sur le quai la place des anciennes
masures. D'autre part, les transformations indus-
trielles ont fait disparaître les anciennes usines. La
population ouvrière s'est rapprochée des nouveaux
ateliers ou est allée dans les faubourgs chercher
de l'air et de la lumière. Aussi la Conférence de la
Dalbade a-t-elle moins que d'autres des familles
nombreuses à secourir. Elle peut ainsi admettre
quelques dérogations à la règle, observée dans la
plupart des Conférences, où les vieilles femmes,
vivant seules, ne sont pas visitées. Elle a pu également accepter quelques pauvres familles des paroisses de la Daurade et de Sainte-Germaine. En
ce moment, soixante-quatre familles sont régulièrement visitées par la Conférence.

Ce nombre n'est certes pas très considérable

cependant, si l'on tient compte du chiffre de la population, on reconnaîtra que la Dalbade est peut-être la paroisse où, proportionnellement au nombre d'habitants, il y a le plus de pauvres secourus au nom de saint Vincent de Paul.

Si nous constatons la misère de nos clients, nous aimons à dire que nous nous heurtons rarement à des esprits forts affichant l'impiété. L'an dernier, on nous signala deux enfants, l'un de cinq ans, l'autre de deux ans qui n'avaient pas été baptisés. La famille avait été si chaudement recommandée par les Sœurs de charité de la paroisse qu'elle venait de quitter, que le visiteur n'avait pas songé à s'enquérir du baptême. Dès que le fait fut établi, les parents furent engagés à réparer leur fâcheuse omission qu'ils attribuèrent à des difficultés soulevées par celle qui devait être la marraine; les enfants furent baptisés, grâce au concours dévoué d'une dame de charité. La fréquentation de l'école chrétienne est conseillée, sans être imposée toutefois. Nous ne continuerions pas les secours à une famille qui refuserait obstinément de donner aux enfants l'instruction chrétienne et notamment de les envoyer au catéchisme.

Si nos pauvres ne nous attristent pas par leur impiété, certains, je devrais dire certaines, car il s'agit surtout de nos chères vieilles, nous sont une occasion de mérite par leurs plaintes incessantes, par leurs récriminations contre tout et contre tous. En revanche, d'autres nous édifient par leur résignation, leur piété et leur charité envers des voisins plus malheureux qu'eux-mêmes. Je dois signaler un acte de générosité posthume, un legs véritable émanant d'une de nos pauvres et dont, il y a quelques temps, bénéficia notre Conférence. Nous avions assisté, pendant plusieurs années, une pauvre fille, âgée, valétudinaire, qui n'avait pour ressources que quelques journées de couture à domicile. La visiter n'était pas une peine ; sa conversation, loin d'être déplaisante, était édifiante et instructive ; on y pouvait constater les heureux résultats de la forte instruction chrétienne donnée au Catéchisme de Persévérance de la Dalbade. La pauvre fille mourut, et je ne fus pas peu surpris, peu de jours après sa mort, de recevoir la visite d'un monsieur, dans la famille duquel elle allait régulièrement travailler, et qu'elle avait chargé de me remettre une somme, 100 francs, si je m'en souviens bien, destinée à la caisse de la Conférence. Sa mère, en mourant, lui avait laissé un petit capital de 200 francs, lui recommandant de n'y toucher qu'à la dernière extrémité. Elle l'avait gardé soigneusement, mais elle avait voulu qu'après sa mort cette somme fût partagée entre les Sœurs de Charité et la Conférence de sa paroisse, comme si elle avait voulu se faire pardonner d'avoir accepté les secours, tout en ayant cette réserve. Elle ne se doutait pas qu'elle léguait à la Conférence plus qu'elle ne croyait. L'intermédiaire qu'elle avait choisi ne se contenta pas de remettre fidèlement la somme à lui confiée ; il l'augmenta dans des proportions que Dieu n'a pas oubliées. Bien mieux, il consentit à devenir membre de notre Conférence. La pauvre fille, j'aime à le penser, est récompensée dans le ciel pour tout le bien que fait notre confrère.

II. — Après les pauvres, je dois parler des confrères.

La Conférence de la Dalbade a toujours eu, grâce à Dieu, un nombre de membres suffisant pour assurer le service des pauvres ; il est actuellement de trente-trois. Leur programme se trouve dans la prière qu'à la fin de chaque réunion nous adressons à Dieu : « Très clément Jésus, qui avez suscité dans votre Eglise, en la personne du bienheureux Vincent de Paul, un apôtre de votre brûlante charité, répandez la même ardeur charitable sur vos serviteurs, afin que, par amour pour vous, ils donnent de tout leur cœur aux pauvres ce qu'ils possèdent et finissent par se donner eux-mêmes. »

Notre règlement nous défend tout éloge, toute admiration mutuelle ; m'est-il interdit, cependant, de rappeler quelques-uns de ceux qui, après avoir assisté les pauvres de la Dalbade, sont allés, nous aimons à l'espérer, recevoir leur récompense? De 1846 à 1892, le même président dirigea la Conférence, et, si je rappelle son souvenir, c'est moins par piété filiale que pour obéir à un sentiment de justice. C'est à ses initiatives généreuses, intelligentes et délicates qu'est due la majeure partie du bien que la Conférence a réalisé sur la paroisse. Si je suis fier et heureux de porter son nom, je tremble, n'oubliant pas quelles responsabilités entraînent les exemples reçus. Le serviteur qui avait reçu cinq talents ne trouva grâce que parce qu'il en avait acquis cinq autres par son industrie.

Les noms se pressent dans mes souvenirs. C'est M. Justin Bauby, qu'une modestie exagérée empêcha d'être président à la mort de son ancien maître et ami; ce sont le président Desarnauts, M. Jules de Lagarrigue, M. Marcelin Berdoulat, M. Henry Bach, l'architecte du clocher de la Dalbade, M. Gomer Vidal, M. Alexandre Laurens; ce sont MM. Gustave Jouglar et Pierre Bach, qui, l'un et l'autre, ont été pendant plus de cinquante ans membres de la Conférence.

La Conférence de la Dalbade a eu le grand honneur de donner à l'Eglise des prêtres et des religieux. Dom Bastide, abbé crossé et mitré de l'abbaye bénédictine de Ligugé, écrivait chaque année à ses anciens confrères à l'occasion de la fête de saint Vincent de Paul. L'abbé Gabriel Gay, le cher P. Gabriel Magnes, morts tous les deux bien jeunes, ont laissé de tels souvenirs que je regrette de ne pouvoir que les mentionner. Si je ne m'étais interdit de parler des vivants, je rappellerais que M. le curé Baron a fait partie de la Conférence de la Dalbade.

III. — Le temps presse cependant, et je voudrais montrer comment les confrères entrent en rapport avec les pauvres. D'un mot, je dirai qu'ils s'efforcent d'obéir au conseil de Notre-Seigneur : *Faites-vous des amis*. Telle est l'ambition que nos fondateurs nous ont inspirée. Aussi, au lieu d'une distribution où les pauvres viendraient eux-mêmes chercher les secours, nous allons à eux par la visite à domicile. Pourquoi la dissimuler ? Cette visite est parfois une cause de dérangement, de fatigue. Pour donner à ces courses plus d'attraits, la Conférence de la Dalbade fit imprimer, en 1852, un petit guide où étaient indiqués les souvenirs qu'évoquent les diverses rues ou places de la paroisse, les monuments qu'on y trouve, les particularités archéologiques et artistiques. Un dessin placé en tête de la brochure et dû au crayon d'un confrère conservait le souvenir de la porte de l'Inquisition, qu'on venait de démolir et où était la Vierge-Noire : *Nostro-Damo-del-Palaïs*.

Cette visite hebdomadaire est appelée par notre règlement la visite *assise*. On n'entre pas dans la mansarde du pauvre pour y déposer un secours et se retirer aussitôt : on écoute le pauvre avec bonté, s'il le faut avec patience ; après avoir écouté, on parle, montrant au pauvre qu'on s'intéresse à ce qui le touche, qu'on compatit à ses peines ; sans rien brusquer, on s'efforce de porter ses pensées vers le ciel. Nos paroles s'adressent à l'âme ; le bon de pain, de bois ou de viande vient après nos exhortations. Ce secours est si peu important, vu la modicité de nos ressources, qu'il ne vaudrait presque pas la peine d'être apporté s'il n'était l'occasion du *sursum corda* qui rend moins lourd à porter le fardeau de la vie.

Aux secours ordinaires la Conférence de la Dalbade a, la première, ajouté l'œuvre des draps de lit. Aux familles nombreuses ou très nécessiteuses la Conférence prête des draps renouvelés chaque mois. Nous ne pourrions suffire au travail matériel nécessité par cette œuvre sans l'aide obligeante des Sœurs de Charité. Au nom de la Conférence, je les prie d'agréer nos humbles et fraternels remerciements.

Mais suffit-il d'apaiser la faim ou de procurer le bois indispensable au ménage? Notre ancien président ne le pensa pas ou plutôt Dieu lui inspira l'idée de la petite caisse destinée à procurer *des*

douceurs aux pauvres. L'œuvre existe depuis
1858. On était au lendemain des fêtes célébrées à
Toulouse en l'honneur de la béatification de la petite bergère de Pibrac ; ce fut sous son patronage
que fut placée l'œuvre nouvelle. Aussi la Conférence offre-t-elle chaque année aux bienfaiteurs de
sa petite caisse une rose bénite, rappelant le mi-
racle des fleurs. Grâce à la petite caisse, nous pouvons, quand un pauvre est malade, ajouter aux
remèdes de quoi satisfaire quelques fantaisies, donner au vieillard un peu de vin vieux, à la pauvre
vieille quelques morceaux de sucre, aux enfants de
la première communion de quoi leur éviter de rou-
gir de leur pauvreté.

Les deux Conférences de Saint-Exupère et de la
Dalbade, se souvenant de leur ancienne vie commune, se sont unies pour établir l'œuvre des jardins ouvriers. Un terrain très fertile, situé dans le
quartier Saint-Agne, a été divisé en lots de
3 à 400 mètres carrés. A la seule condition de travailler convenablement son jardin, une famille en
a gratuitement tous les produits et elle peut y trouver pour les enfants un but de promenade. Les
preneurs se sont présentés moins nombreux à la
Dalbade qu'à Saint-Exupère et, on le comprendra
sans peine, si l'on veut bien se souvenir que nous
avons plus de vieillards fatigués et moins de jeunes familles.

Nous avons pu cependant envoyer au grand air, pendant les vacances dernières, un certain nombre de petits garçons pris dans nos familles. On sait avec quel succès a été établie, l'an dernier, l'œuvre catholique des colonies de vacances. La Conférence de la Dalbade, à qui cette œuvre avait été confiée, a contribué pour une large part aux collectes, elle a tenu à en faire profiter ses clients.

Dans ces dernières années, la Conférence de la Dalbade s'est particulièrement intéressée à la création de nouvelles conférences, j'allais dire de filiales, si cette expression ne paraissait pas réservée aujourd'hui à un monde bien différent de celui de la charité : le monde de la finance et de l'industrie. La Conférence du cercle Notre-Dame et la Conférence Sainte-Barbe ont chacune pour président un confrère de la Dalbade qui n'a pas pour cela quitté la Conférence paroissiale ; les Conférences Saint-Louis et Saint-Louis-d'Anjou nous ont emprunté leur président qu'elles gardent jalousement.

Devons-nous dire que tout est pour le mieux et qu'il ne nous reste plus rien à faire ? Loin de nous pareille prétention et, sans quitter l'ombre du clocher de la Dalbade, nous pourrons peut-être trouver l'occasion de nous dépenser encore. Depuis quelques mois, fonctionne, rue Saint-Remésy, un tout petit atelier d'assistance par le travail en faveur des vieillards. Par le tri de vieux papiers, ils peuvent arriver à un salaire, modique sans doute, mais qui les aide de façon très appréciable. En donnant à cette œuvre notre appui, en remplaçant par un bon de travail le bon de pain, parfois inutilisé par la vieille femme, nous montrerions cette intelligence du pauvre que bénit l'Ecriture.

On m'a assuré que dans une salle de l'hôtel Saint-Jean pourrait se reconstituer l'œuvre si populaire parmi les pauvres de la Sainte-Famille. A ce nom se rattache le souvenir du grand chrétien, paroissien de la Dalbade, bien que la Conférence Saint-Sernin l'eût précieusement gardé, et qui, pendant de longues années, fut à Toulouse le grand entraîneur des pauvres et surtout leur ami dévoué. Du ciel où il est récompensé, Jules Lafeuillade veut-il accorder à sa paroisse la joie de voir ces réunions, un peu bruyantes peut-être, mais où il se faisait tant de bien? C'est le secret de l'avenir.

Me sera-t-il permis, en terminant, d'exprimer un vœu, j'allais dire un regret? La Conférence de la Dalbade s'occupe des pauvres habitant la paroisse ; les membres qui la composent ne sont pas en majorité des paroissiens et on nous assure que de bons chrétiens, fidèles de l'Eglise, hésitent à venir nous prêter leur concours. Sans doute, ils ignoraient le bien que l'on peut se faire à soi-même et que l'on procure aux autres en s'enrôlant sous la bannière de notre saint patron. J'ai cherché à le

leur faire sentir peut-être trop longuement. Puisse
Monseigneur, par ses bénédictions, puisse M. le
Curé, par ses encouragements, avoir raison de ces
hésitants!

XLVI

COURS SAINT-LOUIS-D'ANJOU[1]

ET ŒUVRES ANNEXES

RAPPORT

Présenté par M. F. MAY, étudiant en droit.

———

Les hommes célèbres par la science ou la vertu,
par l'exercice de hautes fonctions ou l'éclat de la
naissance, font rejaillir sur les demeures où ils ont
vécu une vénération et un respect aussi impéris-
sables que leur gloire. Et ceux qui, dans la suite
des temps, prennent un contact incessant avec ces
vieilles pierres, imprégnées de renom, ne sauraient,
sans profanation en quelque sorte, abandonner les
vénérables traditions de ces lieux. De même qu'il
est une terre où croît seulement le sapin et une

1. Le Cours Saint-Louis-d'Anjou est une œuvre diocésaine.
Nous devons donc tout spécialement remercier M. le curé de
la Dalbade, qui a bien voulu lui donner une place au Congrès
paroissial.

autre qui convient mieux au chêne, de même il
est des demeures qui semblent ne convenir qu'à la
prière et à la vie chrétienne. L'hôtel Saint-Jean
est une de ces demeures où l'on respire à pleins
poumons un air chrétien. Les Chevaliers de Malte
l'ont quitté, mais derrière ces murs épais, que le
passant regarde avec curiosité, toute une vie religieuse se déroule encore. Dans cette froide salle
du Frère de Béon, où maintes fois les Chevaliers
avaient prié, une milice nouvelle vient s'age-
nouiller.

Pour répondre à un besoin pressant, compléter
l'instruction religieuse déjà un peu délaissée dans
notre Lycée, plusieurs notabilités ecclésiastiques
fondèrent, en 1892, le Cours Saint-Louis-d'Anjou.
La protection de Mᵍʳ le Cardinal Desprez, protection continuée par ses successeurs au siège de Toulouse, assura à l'œuvre un rapide succès. Après des
débuts modestes dans la chapelle Mac-Carthy, le
Catéchisme de Persévérance (car c'était seulement
un catéchisme alors), devait se transporter à l'hôtel
Saint-Jean.

Dans son nouveau local, il devait peu à peu devenir un centre important de vie chrétienne pour
les milieux universitaires. Dans ces dernières années, de nombreuses modifications au programme
primitif étaient introduites. Le grand nombre d'élèves permettait d'abord de créer deux sections, l'une

à l'hôtel Saint-Jean, l'autre dans une annexe de l'Insigne Basilique. Ce sont les deux sections du Cours d'instruction religieuse. Mais peu à peu des œuvres sont nées, suscitées par l'esprit d'apostolat des directeurs et des membres de Saint-Louis. Ce fut d'abord la Conférence Saint-Vincent-de-Paul, ce furent ensuite le Cercle d'études sociales Ozanam et les Conférences d'apologétique ; dernièrement, c'était l'Association de Jardins-Ouvriers, le Coin de terre toulousain ; prochainement, ce seront des conférences destinées à intéresser à notre œuvre tous les étudiants catholiques de nos Facultés. Nous sommes donc loin du modeste catéchisme destiné aux seuls élèves du Lycée ; mais cette première assise était nécessaire, et c'est parce qu'il correspondait à un réel besoin que les années ont pu lui apporter de successifs développements [1].

Une visite au Cours, le dimanche matin, me pa-

---

1. La direction actuelle de Saint-Louis-d'Anjou appartient à M. l'abbé Crouzil, professeur à l'Institut catholique. Je ne ferai pas son éloge dans un milieu où tous connaissent sa haute valeur intellectuelle et cet ensemble de mérites qu'augmente à nos yeux une remarquable modestie. Mais je suis heureux de lui dire, au nom de tous ses chers élèves, notre bien cordial merci pour tout le bien qu'il fait aux âmes. Ce merci, je l'adresserai aussi à MM. les abbés Montbrun et Ricard, et à ces élèves de l'Institut catholique, qui, suspendant les études austères de l'exégèse ou les dissertations théologiques, nous donnent le meilleur de leur zèle.

raît intéressante pour donner une vague idée de la « vie intense » qu'on a su donner à cette partie essentielle dans notre œuvre.

A huit heures et demie à Saint-Sernin, à dix heures à Saint-Jean, les élèves de nos deux sections se rendent à la chapelle. Après une courte prière, la sainte messe est célébrée. La lecture à haute voix des principales prières liturgiques, le chant de cantiques appropriés à la fête du jour, facilitent l'assistance recueillie et pieuse à l'office. A l'Evangile, une allocution, inspirée le plus souvent de l'Evangile, nous permet de méditer avec fruit. Après la récitation en commun des prières pour le Pape et l'Eglise, les avis sont donnés et trois groupes se forment. L'un, composé des jeunes élèves, va occuper la chapelle encore pendant une demi-heure et assister à la conférence catéchistique ; l'autre, composé des grands élèves, gagne la salle de la bibliothèque pour entendre une conférence d'apologétique ; le troisième, peu nombreux, est formé par les tout petits, ceux qui n'ont pas fait la première communion. Ils sont encore novices ; une explication plus simple du catéchisme diocésain leur est donnée par M. l'abbé Ricard, heureux de se retrouver au milieu de ces chers petits amis après quelques mois d'absence. A onze heures et demie environ, une clochette retentit vivement, c'est l'heure où les confrères de Saint-Vincent de Paul doivent tenir leur réunion hebdomadaire [1].

Je n'ai pas à analyser l'esprit de ces conférences ou leur organisation, mais cependant je ne peux m'empêcher de noter la bonne influence que peut exercer sur les jeunes gens et même sur les enfants cet exercice de la charité chrétienne. Trente-cinq confrères visitent près de trente familles et leur donnent le secours de l'aumône et celui plus vivant de leur parole. Depuis peu, le Conseil supérieur des Conférences Saint-Vincent-de-Paul a prononcé notre affiliation définitive, et nul doute que, sous la direction si dévouée de MM. Boscredon et Sermet, cette œuvre, enfin sortie de la période souffreteuse de l'enfance, ne soit entrée dans la vigoureuse période de l'adolescence. Au point de développement où elle est arrivée, une œuvre, à Saint-Louis, ne meurt pas... elle progresse.

La matinée du dimanche est terminée, quelques gamins emplissent encore de leurs cris aigus la salle des pas-perdus, mais l'heure de la séparation est proche.

L'animation renaîtra vendredi soir, animation

---

1. *Présidents :* A Saint-Louis-Saint-Jean, M. Boscredon ; à Saint-Louis-Saint-Sernin, M. Sermet.
Vice-Présidents : Edouard Bertrand, Victor Lizop.
Secrétaires : Henri de Nucé, N...
Trésoriers : Gabriel Capéran, Pierre Bouyssou.

intellectuelle. Le Cercle Ozanam[1] attire ce jour-là
à la salle de la bibliothèque plus de vingt jeunes
gens désireux de perfectionner leur éducation morale et sociale. Voilà bientôt quatre ans, sous le
vocable de notre patron, un des chefs intrépides de
la Jeunesse catholique dans le Midi, le Dr V. Parant, conçut l'idée de réunir les aînés du Cours
dans une conférence d'études sociales. Les débuts
furent ce qu'ils sont toujours pour les œuvres qui
réussissent, modestes, presque pénibles. Le dimanche, après les divers exercices, cinq ou six jeunes
gens zélés donnaient quelques minutes à l'examen
des questions économiques. Peu à peu, ils se rendirent compte du mal profond dénoncé à maintes
reprises par les Souverains Pontifes, ils comprirent
la nécessité de l'étude, préparation indispensable
pour soutenir plus tard la défense des idées chères.
Ils se firent apôtres, les cadres s'élargirent, la petite réunion du dimanche ne suffisait plus, deux
soirées par mois et bientôt une soirée par semaine
furent consacrés au Cercle qui, ainsi modifié, reçut
le nom définitif de Cercle Ozanam. L'affiliation à

1. Voici la composition du bureau :

Président : Victor PARANT.
Aumônier : Abbé Lucien CROUZIL.
Vice-Présidents : François MAY, Henri DE NUCÉ DE LAMOTHE,
Georges MOLINIÉ, Etienne GAY.
Secrétaire : Raymond PÉRISSÉ.

l'Association catholique de la Jeunesse française lui donna une définitive impulsion. On est plus fort quand on s'unit à des milliers de cœurs qui sentent de la même manière, à des milliers d'intelligences qui pensent de la même façon. C'est à cette union que Saint-Louis doit de posséder quelques membres imbus d'un vif esprit d'apostolat.

Nous avions désormais une devise qui devait nous guider, réchauffer notre tiédeur; nous avions un but à atteindre : fortifier notre foi, préparer par l'étude l'action féconde qui nous permettra d'apporter notre part au grand œuvre de restauration chrétienne.

Pour développer notre sentiment religieux, une retraite annuelle nous est donnée en novembre, et avant de commencer l'année scolaire nous allons puiser ainsi, à la source de vie et d'amour, l'esprit de force et de charité.

Pour rendre plus fécondes nos études, nous avons peu à peu précisé les méthodes et choisi le programme, et nous sommes ainsi arrivés à une organisation, dont les résultats paraissent garantir la pleine efficacité. Toutes les semaines, un membre du Cercle étudie une question choisie parmi celles du programme, cette année, par exemple, l'un des projets de loi pendants devant l'une des deux Chambres. Après la prière récitée par M. l'Aumônier et la lecture du procès-verbal faite par le secrétaire, le camarade désigné communique son rapport. La discussion s'ouvre ensuite, chaude, animée, passionnée parfois, toujours courtoise et amicale. Le président du Cercle redresse la discussion qui dévie, dégage les idées principales. C'est à lui que revient la direction générale, c'est lui qui fait les communications et donne les avis. Les quatre vice-présidents président à tour de rôle une séance, étudient plus spécialement le sujet afin de donner un peu d'ordre et de netteté au débat, et ainsi ils acquièrent les notions nécessaires pour diriger plus tard un groupe de jeunesse. L'heure de la séparation avance toujours trop tôt et des groupes dans la rue continuent encore la polémique engagée et trop brusquement interrompue.

L'union des cœurs par la prière, l'union des esprits par l'étude étaient faites, seule manquait encore l'union des bonnes volontés par l'action. L'opiniâtre énergie de l'un des nôtres, Edouard Bertrand, nous a permis d'appliquer le troisième point de notre chère devise. L'an dernier, le Cercle Ozanam suscitait la fondation d'une Association de Jardins-Ouvriers, le Coin de terre toulousain. Après la crise des débuts, tous les obstacles tombaient devant l'ardeur et l'esprit d'initiative de quelques camarades intrépides. Un terrain était bientôt acheté, et aujourd'hui huit familles, dix bientôt, jouissent du petit coin de terre au bord de la Garonne, tout près des allées de ce nom. Quelquefois le soir un groupe d'une dizaine de membres gravit le petit escalier tournant de Saint-Louis. Le Conseil des Jardins-Ouvriers va tenir séance[1]. Au sérieux avec lequel ils discutent les délicates et parfois difficiles questions de la bonne administration, on sent quel idéal les anime et les pousse vers ce peuple à qui ils veulent apporter, non point l'aumône stérile ni surtout les fallacieuses promesses, non point la haine et le mensonge, mais l'espoir vivifiant et l'amour en Celui qui aima par-dessus tout les petits et les humbles.

Enfin, dans quelques jours, « guidés par d'éminentes personnalités qu'intéressent au premier chef les œuvres d'étudiants », « nous donnerons une série de Conférences auxquelles nous convierons ceux de nos camarades que nous croirons devoir s'intéresser à notre projet[2] ». Ce sera le germe d'un groupement plus permanent où les étudiants sérieux « viendront s'intéresser aux questions litté-

---

1. Le Conseil est ainsi composé :

Président : Edouard BERTRAND.
Trésorier : Jean DESPERRIERS.
Secrétaire : Henri DE NUCÉ.
Membres : Abbé Lucien CROUZIL, Victor PARANT, Ernest SERMET, Raymond PÉRISSÉ, Jules MOURIÉ, François MAY, Etienne GAY, François LHEZ.

2. Extraits de l'avant-projet présenté par Raymond Périssé et François May.

raires et scientifiques, à celles de la sociologie et du droit, et, avec les facilités de l'étude en commun, trouveront les avantages de la bonne camaraderie et ceux même de distractions diverses [1] ». Ce jour-là, Saint-Louis aura définitivement agrandi ses cadres. Il s'adresse jusqu'à ce jour aux élèves du Lycée et à quelques étudiants zélés, il s'adressera alors aussi à la foule des étudiants catholiques, nombreux à Toulouse ; il sera, enfin, le grand centre universitaire catholique.

J'aurais passé en revue toutes nos œuvres si j'avais mentionné les Conférences d'apologétique suscitées par Monseigneur l'Archevêque, sous le patronage de saint Louis. Sans doute, il s'agit d'une œuvre qui dépasse Saint-Louis-d'Anjou et s'adresse à un milieu plus varié, mais encore là nos amis occupent une place importante, sinon prépondérante. « A l'heure où les questions religieuses sont âprement discutées, Sa Grandeur a voulu fournir aux étudiants catholiques de Toulouse le moyen de perfectionner leur instruction dans le domaine de la foi. L'étude scientifique de la religion les mettra en mesure d'en apprécier et d'en défendre la positive réalité, la fécondité pratique et la sublime beauté [2] ».

1. Extr. de l'avant-projet présenté par R. Périssé et F. May.
2. Extrait du rapport présenté en 1906 à Monseigneur l'Archevêque, en séance solennelle.

Et malgré cette vie active, comme s'il manquait encore quelque chose à leur soif d'apostolat, nous retrouvons nos amis aux premiers rangs des œuvres paroissiales, comme confrères dans les patronages par exemple, aux premiers rangs aussi des deux Comités du Midi et de Toulouse pour l'A. C. J. F. et jusque dans les milieux profanes, Amicales laïques ou Foyer du peuple. En des conférences publiques contradictoires, le président du Coin de terre fait applaudir nos chères doctrines.

J'ai terminé le compte rendu de la vie intellectuelle, sociale et religieuse dans le Cours Saint-Louis-d'Anjou et aussi, par là-même, mon travail. Il resterait sans doute mille choses intéressantes à dire sur la partie récréative, sur les jeux organisés l'après-midi du jeudi pour les jeunes élèves, sur les conférences, les fêtes et les spectacles, mais j'ai dépassé déjà les limites d'un simple rapport. L'organisation matérielle, concours de dames patronnesses, tombola annuelle, aurait sa place dans une étude plus complète, mais il m'a paru préférable, pour un congrès comme celui-ci, d'insister sur les caractères originaux de l'œuvre, sur ce qui la différencie du patronage ordinaire et lui donne un cachet particulier.

Il me semble que ces paroles que Monseigneur l'Evêque de Perpignan adressait naguère aux jeunes de son diocèse peuvent s'appliquer à notre œuvre : « Voici que la jeunesse vient à Jésus-Christ, voici qu'elle lui apporte sa foi, son intelligence, son ardeur généreuse, son activité, tout son cœur, toute son âme. L'esprit de Dieu souffle manifestement sur l'armée des jeunes... Des saintes visions qui avaient hanté les rêves des vieillards, eux, les jeunes, en voient déjà la réalité... ». Et je termine sur le souhait de cet éminent prélat : « Puissent leurs mains vaillantes déchirer les voiles qui nous cachent la lumière, puissent-elles nous rendre la vision, hélas! perdue d'un ciel sans nuage! »

XLVII

PATRONAGE SAINT-JOSEPH

RAPPORT

Présenté par M. Joseph TRILHE

PRÉSIDENT DU PATRONAGE.

Le Patronage paroissial des jeunes gens fut fondé à la fin de l'année 1898.

Pour se rendre compte de son origine et de la marche progressive qu'il a suivie, il est utile de remonter plus haut.

Quelque temps avant l'établissement du patronage, M. l'abbé Delassus, vicaire de la paroisse, avait la direction d'une association dite de Saint-Louis-de-Gonzague.

Dans ce groupement, très prospère, ont germé cinq vocations ecclésiastiques : un curé très aimé d'une paroisse du diocèse ; deux professeurs et deux vicaires de la ville, dont l'un est bien connu des paroissiens de la Dalbade.

M. l'abbé Delassus ayant cédé la direction de la

petite société à M. l'abbé Soulassol, celui-ci y choisit une élite : les enfants adorateurs du Très Saint-Sacrement. L'après-midi du jeudi, à la grande édification des témoins, ces jeunes écoliers quittaient volontairement leurs parties de jeu pour venir faire à l'église un quart d'heure d'adoration devant la sainte Eucharistie.

Peu après, vers la Pentecôte, sous la conduite de M. Caussat, leur nouveau directeur, les membres de l'association firent leur premier pèlerinage à Notre-Dame de Roqueville.

Peut-être Notre-Dame de Roqueville inspira-t-elle à M. l'abbé Caussat de transformer son œuvre...

Toujours est-il qu'au mois d'octobre 1898 le Patronage était fondé. Aux associés de Saint-Louis-de-Gonzague vinrent se joindre les enfants de la première communion, quelques enfants de l'école laïque et quelques anciens élèves de l'école des Frères.

Saint Joseph fut choisi comme patron. Les réunions ne se firent plus à l'école chrétienne, mais à l'église, dans la chapelle des mariages. Un bureau fut élu et on rédigea aussitôt des statuts. Louis Rousse fut le premier président, et Gaston Court le premier secrétaire. Les réunions avaient lieu tous les quinze jours ; des comptes rendus intéressants en étaient dressés... L'œuvre tâtonnait un peu, mais marchait.

Elle se précisa et prit de l'essor l'année suivante, quand on n'admit plus au patronage que ceux qui avaient renouvelé leur première communion. L'Association de Saint-Louis-de-Gonzague groupa les autres ; c'est là qu'ils font une sorte de noviciat avant leur admission. Depuis lors, rien n'a changé dans le mode de recrutement des deux sociétés.

Aujourd'hui, l'Association compte une vingtaine de membres qui assistent, en groupe, le dimanche à la messe de 10 h. 1/4 à la paroisse, avec les jeunes gens du Patronage. Ils communient au moins le troisième dimanche de chaque mois, à la messe de huit heures, et vont aux vêpres. Tous les jeudis durant une heure, conformément aux prescriptions de Monseigneur l'archevêque, ils assistent à un catéchisme de persévérance ; ils peuvent ensuite se récréer, jouer ou lire, dans le local du Patronage. Les promenades hygiéniques y sont en honneur : les membres de l'Association, quand il fait beau, aiment mieux courir en plein air hors la ville, jouer à barre ou au ballon, que de rôder dans des rues malsaines...

Revenons et restons au Patronage. Un moment, on songea à donner une séance récréative. C'est dans la salle du Jardin-Royal, sous la direction de M. l'abbé Mercadier, qu'elle eut lieu, avec le gracieux concours de plusieurs amis du Patronage. L'empressement que les paroissiens de la Dalbade mirent à venir nous applaudir nous prouva que l'on s'intéressait à nous.

En 1903, M. l'abbé Manenc fut chargé de l'œuvre. Cette année-là, un deuil cruel vint nous éprouver. Notre vice-président, Fernand Tropis, après de longs mois de souffrance, rendait son âme à Dieu, le jour de la Pentecôte. Tous ceux qui l'ont connu se souviennent de sa douceur et de sa piété. Il avait toujours été un modèle.

L'année suivante, M. Manenc étant devenu premier vicaire, M. l'abbé Eychenié prit la direction du Patronage. Après de multiples démarches, nous pûmes enfin nous réunir dans de vastes salles de l'hôtel Saint-Jean. Le règlement fut alors complété ; on y ajouta qu'aux grandes fêtes le Patronage assisterait en corps aux offices de la paroisse. Et peu après, grâce au concours de généreux bienfaiteurs, une belle bannière lui fut donnée.

Au-dessous des armes de la Dalbade, on peut y lire notre divise : « Pour Dieu et pour la France. »

Par les sages conseils de M. Eychenié, le Patronage a prospéré. Un cercle d'études s'est formé, qui compte une bonne douzaine de membres. Diverses questions religieuses ou économiques y ont été traitées tour à tour ; des idées y surgissent, s'y remuent, s'y choquent, s'y discutent pour le plus grand bien de tous.

M. Renaudin a succédé à notre dernier directeur; depuis trois ou quatre mois qu'il est à notre tête, il a gagné la confiance de tous.

Le Patronage Saint-Joseph comptait à peine une trentaine de membres lorsqu'il fut fondé; il en a aujourd'hui près de soixante, malgré que nous ayons payé un bien douloureux tribut à la mort. Ces deux dernières années, trois de nos camarades ont été enlevés à notre affection : Joseph Denjean, Joseph Mauriès et Michel Tourrant. Bons et affables, ils avaient conquis l'estime de tous. Leur assiduité et leurs exemples étaient un encouragement pour les plus jeunes. Aussi est-ce avec une profonde douleur que nous les avons accompagnés successivement à leur dernière demeure.

En ce moment, le Patronage vit et s'affirme de plus en plus. Le dimanche, il assiste en groupe à la messe; il fait cortège à Notre-Seigneur aux processions mensuelles du Saint-Sacrement; tous les quinze jours, il se réunit, mais les nouvelles salles de lecture et de jeux sont ouvertes chaque semaine. Une bibliothèque est en formation; je vous fais confidence qu'elle n'est pas riche encore : les publications de la bonne presse y sont reçues; il y a quelques brochures, et c'est tout.

Une série de conférences est commencée sur des sujets tels que ceux-ci : les retraites ouvrières, les jardins ouvriers...

Ceux d'entre nous qui aiment la gymnastique

peuvent recevoir des leçons à la Fédération [1], car
le Patronage y est affilié. Bref, notre groupe marche, et marche bien.

*
* *

Puisse-t-il étendre son action salutaire sur des
jeunes gens de plus en plus nombreux. Le dévouement ininterrompu des directeurs et les sacrifices
des bienfaiteurs ne seront pas dépensés en pure
perte : ils garderont à l'Eglise de bons chrétiens,
et à la société des hommes de devoir !

1. Place Saint-Sernin.

XLVIII

CERCLE D'OUVRIERS NOTRE-DAME

ANALYSE DU RAPPORT VERBAL

Présenté par M. MARTY

PRÉSIDENT DU CERCLE.

———

Introduction. — Honneur ressenti par le Cercle d'avoir sa part au Congrès.

Rapport sera court :

1º Pour répondre aux désirs des organisateurs.

2° Parce que l'œuvre est bien connue de tous...

3º En raison de la difficulté que j'éprouve de parler avec impartialité d'une œuvre pour laquelle je suis passionné de longue date, dont l'éfficacité est nettement établie et les apparences de prospérité manifestes...

Division. — J'établirai simplement : A) *Ce qu'est l'œuvre aujourd'hui* ; B) *Ce qu'elle fut jadis, son historique* ; C) *Ce que nous la voudrions.*

Développement. A. — CE QU'EST LE CERCLE AUJOURD'HUI. — Un des bras du grand corps catholique social qui a nom « L'Œuvre des Cercles catholiques d'ouvriers », dont le président général est M. Léon Harmel et le secrétaire général M. le comte Albert de Mun...

Affilié en outre à « l'Association catholique de la jeunesse française » : président, M. J. Lerolle.

Effectif du Cercle au 29 février 1908 :

228 membres tant *honoraires* qu'*actifs*.

a) Les honoraires se répartissent en :

30 membres bienfaiteurs ;
63 dames patronnesses.

b) Les actifs comprennent :

135 sociétaires ou candidats.

Caractère religieux du Cercle. — Se traduit par son titre, sa bannière, ses insignes, la croix qui se trouve en tête de toutes les publications, lettres et circulaires ; son aumônier. La prière en commun dite tous les soirs à neuf heures. Une messe célébrée tous les quatrièmes dimanches du mois « avec sermon », dans la chapelle, par l'aumônier. Salut du Très Saint Sacrement célébré, *sauf les jours de grande fête*, tous les dimanches à deux heures.

Assistance en corps aux vêpres dans les paroisses à l'occasion des fêtes de Noël, Pâques, Fête-Dieu et fête paroissiale.

Accomplissement obligatoire, en commun, du devoir pascal dans l'une des deux paroisses, Daurade et Dalbade à tour de rôle.

Facilité donnée pour la fréquentation des sacrements par la présence de confesseurs au Cercle plusieurs fois l'an.

Exhortations incessantes à se rendre individuellement dans les paroisses.

Publication par la voix du « Rapport », ou par circulaire, ou par le « Bulletin mensuel », de toutes les instructions importantes émanant de l'autorité diocésaine ou des paroisses.

Affichage hebdomadaire dans nos salles, sur tableau spécial, des cérémonies, sermons, conférences, etc., faits dans les paroisses.

Œuvre reconnue par les Souverains Pontifes Pie IX et Léon XIII, qui l'ont spirituellement enrichie par des brefs nombreux. — Cardinal protecteur à Rome. — Sympathies et encouragements témoignés au Cercle par les visites annuelles que fait Monseigneur l'Archevêque à la rue de la Madeleine.

INSTITUTIONS FONCTIONNANT AU CERCLE.

1° *Conférence de charité*, affiliée à la Société Saint-Vincent-de-Paul par décision du Conseil général de la Société, en date de 1874.

21 confrères, 24 familles visitées hebdomadairement.

Président délégué, M. le colonel de Villepin.

« Rapport spécial fourni. »

2° *Section d'études sociales.* — Réunions bimensuelles dirigées par M. Decomble, étudiant, vice-président de l'A. C. J. F.

25 à 30 membres assidus.

Sujets traités récemment : « Loi sur le travail des femmes et des enfants. — Loi sur l'appprentissage. — La doctrine sociale de l'Eglise et le socialisme. — Les monopoles de l'Etat. — Loi sur l'assistance aux vieillards. — Loi sur le repos hebdomadaire. — Les divers projets sur les retraites ouvrières », etc.

3° *Section des commerçants et des chefs d'Industries.* — Se compose de quarante-trois membres, tant honoraires qu'actifs.

Réunions trimestrielles exclusivement instituées

pour l'étude des moyens d'amélioration des résultats commerciaux.

Impression trimestrielle d'un feuillet d'annonces-réclames, tiré à 1.000 exemplaires et envoyé gratuitement à tous les membres, au clergé, aux communautés et aux familles notables catholiques des deux paroisses. Remises et escomptes consentis entre les membres.

4° *Section de déclamation.* — Vingt-deux jeunes gens.

Etude des pièces de théâtre. Organisation de concerts.

Travail rendu : huit à dix séances récréatives durant l'année.

Cette institution a l'avantage : 1° d'occuper les jeunes gens presque tous les soirs ; 2° de récréer les membres et leurs familles, ainsi que les enfants des écoles et des patronages catholiques ; 3° de faciliter les rapports entre les familles et le cercle ; 4° d'apprendre le chemin du cercle à la population de nos quartiers ; 5° de procurer des ressources très appréciables.

5° *Bureau de placement.* — Services nombreux rendus *constamment* non seulement aux membres, *mais encore* à une foule d'œuvres catholiques, aux enfants des écoles et des patronages. On peut dire que de toute la ville sont adressées au président des demandes de placements auxquelles nos nombreuses relations donnent souvent des résultats.

6° *Consultations médicales, juridiques, financières.* — Gratuites, assurées, grâce à nos relations, à tous nos membres actifs.

7° *Médecin de visite à l'abonnement.* — Pour nos membres actifs, 3 francs l'an; pour membres et leur famille, 5 francs.

Médicaments à tarifs très réduits chez M. Magnes-Lahens, membre honoraire.

8° *Jeton de présence.* — Délivré aux membres à l'occasion des assemblées générales, et qui, en les invitant à donner leur clientèle à leurs confrères commerçants, leur assure une remise appréciable.

9° *Conférences publiques.* — Créées depuis cinq ans; données à l'occasion des assemblées générales mensuelles; atteignent aujourd'hui le nombre de dix-neuf; plein succès; auditoire nombreux; cinq mille hommes sont passés à nos diverses conférences; y assistent : nos membres et des étrangers de nos quartiers; on cherche avant tout à y attirer des indifférents et certains hostiles; résultats constatés : adhésions au cercle, certains indifférents et hostiles, auditeurs.

SUJETS TRAITÉS

« De l'Idée catholique du vingtième siècle », par M. de Bonne.

« L'Amour du sol natal », par M. Praviel.

« Des droits et des devoirs des catholiques », par M. Peyrusse.

« Le Concordat », par M. l'abbé Crouzil.

« Le Roman et ses dangers », par M. Praviel.

« De la Liberté d'enseignement », par M. Roger Teulé.

« La Séparation », deux conférences, par M. le chanoine Raynal.

« La Presse et la Société contemporaine », par M. le chanoine Valentin.

« Conséquences économiques de la Séparation », par M. l'abbé Garnier.

« Le livre blanc pontifical », par M. l'abbé Van den Brûle.

« Le devoir électoral », par M. le chanoine Valentin.

« Au lendemain de la Séparation », par M. Charles Arnal.

« La guerre religieuse », par M. l'abbé Janot.

« Prospérité de la Belgique catholique », par M. l'abbé Boissel.

« Aggravations de la loi de Séparation », par M. Charles Arnal.

« Le Blé qui lève », par M. le chanoine Valentin.

« Jeanne d'Arc et la Critique contemporaine », par M. l'abbé Tournier.

10° *Bulletin mensuel*. — Organe périodique, unit tous les membres, leur fait connaître la vie de l'œuvre ; porte les instructions du directeur et du bureau ; relate les nouvelles de famille ; promulgue les décisions du Conseil ; perpétue le souvenir et les conclusions pratiques des conférences.

11° *Nos salles de jeux*. — Ouvertes : lundi, jeudi, samedi et dimanche ; fermées lorsque dans nos paroisses se célèbrent des fêtes qui demandent la présence des catholiques fervents ; jeux divers ; consommations saines ; lecture : table de lecture avec journaux et revues ; bibliothèque ; affichage des dépêches du soir ; piano ; billards.

12° *Notre appui aux œuvres*. — Les ressources de nos locaux sont gracieusement mises à la disposition d'une foule d'œuvres, savoir : Vestiaire des pauvres ; Catéchistes des écoles laïques ; Novices du Tiers-Ordre ; Patronage de filles et de garçons ; Apostolat de la Prière, etc.

Administration. — 1° Un directeur désigné de l'accord entre MM. les curés des trois paroisses et le comité des Cercles de Toulouse ;

2° Un bureau composé de cinq membres élus par les sociétaires pour un an ;

3° Un conseil d'administration composé de vingt-cinq membres se recrutant lui-même ;

4° Si le directeur est laïque — très rare — un aumônier est désigné par le clergé des paroisses.

Développement B. — Ce que l'œuvre fut jadis ? Historique. — Fondation, 1872, sur l'impulsion de Paris, par M. l'abbé Massol, *vicaire à la Dalbade*, aidé par M. le curé de Laportalière. Premier local à l'hôtel Saint-Jean, puis dans une salle au-dessus de la chapelle Mac-Carthy ; enfin à l'hôtel d'Antin-de-Vaillac. Les laïques qui aidèrent puissamment M. Massol furent : MM. les présidents Fort et Désarnauts ; M. Courdin, conseiller à la Cour ; M. Fernand de Carrière, *tous de la Dalbade.* Brillants débuts de l'œuvre ; pleine prospérité de 1872 à 1882 ; puis vint une période d'accalmie suivie de deux années de fermeture ; réouverture par M. l'abbé Contrasty, vicaire à la Daurade, en 1896 ; depuis, période de prospérité croissante. *Le clergé de la Dalbade, après avoir été le fondateur, demeure l'ami et le protecteur du Cercle.*

Les divers directeurs depuis la fondation :

MM. abbé Massol (1873-83); abbé Olivier (1883-87); de Carrière (1887-89); Moulas (1889-91); R. P. Huc (1891-92); abbé Marrast (1892-96); abbé Contrasty (1896-98); abbé Péfaure (août à octobre 1898); abbé Victor (1898-1902); abbé Laurac (1902-07); abbé Castaing.

Les divers présidents depuis la fondation :

MM. Jauzion (1873-84); Barousse (1884-86); Pique (1886-87); Saint-Martin (1887-94); Marty (1896).

Autrefois était mise en pratique la définition même de l'œuvre : « Dévouement de la classe dirigeante à la classe ouvrière ». Aujourd'hui le Cercle vit par ses seuls moyens d'activité; lacune immense !

Développement. C. — Ce que nous voudrions. — Que l'œuvre reprenne tout son essor du début.

Œuvre admirable; son appropriation parfaite aux temps présents; de-ci de-là, des cercles ont été fermés, remplacés par des œuvres nouvelles qui ont végété et croulé; grâce à Dieu, notre cercle vit et vit bien, mais demande un simple apport de concours pour avoir un renouveau superbe; pas d'œuvres concurrentes sur nos paroisses, donc effort de tous les bons catholiques en sa faveur;

de la charité, du labeur, de l'appui mutuel, de la
bonne volonté et le succès est assuré : pour le relèvement social ! le triomphe de l'Eglise ! pour le
Christ duquel nous avons gravé le geste protecteur sur notre blason : *In hoc signo vinces !*

TABLE DES MATIÈRES

Deuxième Séance de travail, présidée par M. Marchal.

(Vendredi, 6 mars.)

Œuvres d'enseignement et post-scolaires.

Troisième Séance de travail,
présidée par M. le vicaire général Assieu.

(Samedi, 7 mars,)

Œuvres charitables et sociales.

Quatrième Séance de travail,
présidée par M. le baron de Felzins.

(Dimanche, 8 mars.)

Œuvres charitables et sociales.

Toulouse, Imp. DOULADOURE-PRIVAT, rue St-Rome, 39. — 6612

SIGIL. ECCL. PAROCHIALIS
MARIÆ DEALBATÆ

9 782019 925871